了不起的非遗

第1辑

武汉市档案馆
武汉广播电视台
武汉市文化和旅游局
编

非物质文化遗产
口述建档系列丛书

长江出版社
CHANGJIANG PRESS

图书在版编目(CIP)数据

了不起的非遗 / 武汉市档案馆, 武汉广播电视台,
武汉市文化和旅游局编. —武汉 : 长江出版社, 2019.1
ISBN 978-7-5492-6260-1

Ⅰ. ①了… Ⅱ. ①武… ②武… ③武… Ⅲ. ①非物质文化遗产－介绍－武汉 Ⅳ. ①G127.631

中国版本图书馆 CIP 数据核字(2019)第 015019 号

了不起的非遗　　武汉市档案馆 武汉广播电视台 武汉市文化和旅游局 编

出版策划：赵冕 刘斯佳
责任编辑：朱舒
装帧设计：刘斯佳
出版发行：长江出版社
地　　址：武汉市解放大道 1863 号　　邮　　编：430010
网　　址：http://www.cjpress.com.cn
电　　话：(027)82926557(总编室)
　　　　　(027)82926806(市场营销部)
经　　销：各地新华书店
印　　刷：武汉精一佳印刷有限公司
规　　格：787mm×1092mm　1/16　25.875 印张　410 千字
版　　次：2019 年 1 月第 1 版　2019 年 3 月第 1 次印刷
ISBN 978-7-5492-6260-1
定　　价：108.00 元(平装)
　　　　　158.00 元(精装)

编委会名单

序

中国实施非物质文化遗产保护这一宏大的文化工程已有十多个年头了。我面前的这部书稿，就是武汉市非物质文化遗产口述建档系列丛书的开篇之作。我应邀作为此书的首位读者，欣然为之作序。

人类历史从破坏旧世界到建设新世界，从保护物质文化遗产到保护非物质文化遗产直至保护珍贵的自然遗产，文明发展的巨浪不断奔涌向前。中华人民共和国开启的社会主义文化建设，在十多年来强劲实施的非物质文化遗产保护工程中又焕发新生机。人们习见的民间文艺多植根于农业文明发达的乡村原野之上，这些年实施非遗保护工程的结果，使许多大中城市中，植根于民众生产生活沃土中的鲜活文化，繁花似锦。按现今学人的共识，民众衣食住行关涉的方方面面，均属民间文化、生活文化。本书所论已列入国家和省市三级名录中的40个项目中，从湖北评书、汉剧到汉绣、武汉木雕，从黄鹤楼传说、木兰传说到老通城豆皮技艺和武汉蔡林记热干面技艺，从武汉采莲船、龙舞(高龙)到武当纯阳拳和马应龙眼药制作技艺等，不仅早已为民众所熟悉和享用，现今更借助非遗保护工程的文化启蒙和文化锤炼，更显光彩、更具活力。

我本是一位在华中师范大学从事民间文学专业的老教师，从2002年开始，我同一批有识之士，如冯骥才等，一道呼吁抢救和保护民族间的传统文化，被吸引到国家非遗保护的文化工程中，有幸参与省市非遗保护的调查研究评审等活动。就我的切身体验而论，近几年来作为大都市的武汉市的非遗保护态势十分喜人。这固然同城市的经济实力较强而投入较多存在密切关系，但我从学理上思考，似乎主要还是由于非遗保护这项宏大文化潮流的冲击，开拓了人们的文化视野。最初人们关注的民间传统文化，主要立足于农业文明背景上的民间文化，放开眼界，在近现代历史文化充分发展的大背景下，由于城乡文化的交汇融合、中外文化的交流汇通，以及民众生活文化本身的新陈代谢，民间文化更趋多样化，城市的非遗积累与形态也因此丰富多彩而备受关注。大城市的文化市场更为广阔，所以开发前景，特别是生产性保护利用，也就具有特别的优势。

本书从武汉市列入省市和国家级名录的非遗代表项目中选取了 10 个类别的 40 个项目进行评说。每个项目除作简要概述之外，以相关传承人的口述为主，结合专家点评。中国非遗保护工程的要领在活态传承，关键在于传承人，因此由各位传承人现身说法，口述其传承历史和现状及项目的社会价值与文化内涵，既贴切又生动感人。如书中湖北评书的传承人何祚欢、武汉木雕船模传承人龙从发的口述中，有对艰辛传承的文化根脉、工匠精神和社会价值的生动阐述，读来让人印象深刻，也增强了我对武汉这座城市的认识。在纷繁多彩的城市文化表层下，饱含着历史与现代的文化基因，以深邃的楚风汉韵滋润民心。

作为一位年逾八旬的文化园丁，欣喜地阅读本书，对多年来倾注心力投身于武汉市非遗保护工程的诸位同仁，给予诚挚点赞，并热心期待大武汉在未来发展中的文化振兴展现更加美好的前景!

华中师范大学文学院教授、博士生导师
湖北省民间文艺家协会名誉主席　刘守华
湖北省荆楚文化研究会顾问

2019 年 1 月 10 日

目录

了 不 起 的 非 遗

L I A O B U Q I D E F E I Y I

曲　艺

湖北评书	国家级非物质文化遗产代表性项目
湖北大鼓	国家级非物质文化遗产代表性项目
湖北小曲	国家级非物质文化遗产代表性项目
湖北渔鼓	湖北省省级非物质文化遗产代表性项目

国家级非物质文化遗产

湖北评书

湖北评书是湖北地区兴起的一种曲艺形式，主要流传于武汉、荆州、宜昌、孝感等地。明崇祯十六年（公元 1643 年），明将左良玉驻兵武昌，招江南说书大家柳敬亭为幕客，在军中说书。南派说书艺人将柳敬亭视作行业祖师，尊为柳祖，湖北评书即是在柳氏影响下发展起来的。

清道光末年以来，湖北先后出现了“童、王、教、夏评书四杆旗”“书坛五虎将”等一批评书表演艺术家，并产生了以容宗圣、陈树棠和江云卿为代表的三大流派。师承著名评书演员李少霆的当代评书艺术家何祚欢，由于能取各派所长，敢于出新创新，创作表演的湖北评书《刀对鞘》《挂牌成亲》等先后获全国曲艺调演一等奖。

扫一扫
观看湖北评书视频

湖北评书善于借助手势、身段、口技等动感表演和桌子、扇子、醒木、手帕等道具模拟书中的各色人物，渲染气氛。表演者表现人物对话多使用通俗的民间口语，描述景物则常采用雅致的骈体。

湖北评书的书目十分丰富，大体可分两大类。一类是按小说底本讲述的“底子书”和在“底子书”基础上发展加工而成的“雪夹雪”，《三国》《水浒》《隋唐》《英烈传》《三侠八义十二雄》《奇女报国》等作品属于此类；另一类被称为“路子书”，《王莽忠孝图》《八门斗智》等作品属于此类。

湖北评书集古今文化之大成，在文学、语言、表演等方面均显示出鲜明的特色，其韵味、平仄、歌、赋、诗、词都具有很高的研究价值。

何祚欢口述

何祚欢，1941年出生，湖北评书国家级代表性传承人，国家一级演员。代表作品有《杨柳寨》《挂牌成亲》《丑人李富生》《风雨送春归》等。何祚欢早年师承湖北评书名艺人李少霆，在学习和实践中继承传统、大胆创新，逐渐形成自己儒雅平和、书路宽广的艺术特色。

有文字记载的说书人的活动，最早算是《周礼》记载的“周室三母”怀孕期间将说书人请至宫中说书，实行胎教的故事。往后有《三国志》中曹丕常请说书人在饮宴中说书和现场即兴“说肥瘦”的记载。再往后有唐代说书人进王公贵族府邸说书的记载。唐代和尚宣讲佛法的“和尚教坊”“变文”的发现证实了说书对佛教传播的作用。宋代的“瓦肆勾栏”更是直接记载了说书人的流出状况。明代有宫廷说书、军中说书。柳敬亭以一介说书人而有三位东林党大文人为其作使，演出于书场、堂会和军中，深为后世羡慕。

20世纪30年代，武汉三镇有茶馆726家、300多位说书人，各个流派争奇斗艳，各有各的板眼，各有各的本事。最红的“三巨头”是陈树棠、容宗圣和江云卿。这三个人从民国中期开始名满三镇，各成一派。江云卿叫捏花成朵，今天的书说完了，说不定回去把酒一喝，明天就忘记了昨天说的什么，但是他就有这个本事，第二天他可以把昨天的书从听书的小孩嘴里问出来，还能接着说。所谓捏花成朵，就是现场把他讲过的书接起来。容宗圣先生，是我们的师爷爷，他的书叫作家常笔圣手。他的书里头不能出现两个以上姑娘婆婆，有两个以上姑娘婆婆的话，他能把家常事说得让你忘记前面后面的内容。陈树棠先生，我师傅的又一个师傅，对于典章、制度、历史、朝代、帝王、大臣、宦官、娘娘，一门清，是说书的海仓库。

湖北评书的特点是追求文化，非常厉害，有的贯口根本不是编的，你能听出来说书艺人对于古代文学，特别是骈文的感觉非常好。武汉话，有湖广韵底，武汉话的余韵特别好听。“我家姑娘不喜欢文的只喜欢武的，从小延请名师，只练得长拳短打，马步攻人，一十八般武艺，无一不会无一不精，蹦蹭蹿跳，闪转腾挪，吾身哲别，纵高闪低，十分轻巧，因此我姑娘的婚姻不求门当户对，只求才貌相当，摆下百日英雄擂台，揽天下的青年武生与她比武定亲……”这个里头，有语言的平仄对比交替，湖北评书里头有大量的这个东西，要求语言的美。再一个是历代的先生们，追求所谓家常笔圣手，追求生活底蕴，追求落地，追求人间烟火味，善于塑造玩弄权贵豪强于股掌之间的草莽英雄的形象，每部书中都有一个或几个这种类型的重要人物。我们湖北评书的先生们能做到上面提及的两点兼而有之。

我那时候说《双枪老太婆》的时候，我们同时代的人说，何老师的语言美。有一座华蓥山，高低起伏连绵不断遮了半边天，看去只见山靠山山套山山环拱抱，岭接岭岭叠岭岭岭相连，长遍四时常青之树，八节不衰之草，山高如云怪石丛生，这就是华蓥山游击纵队活动的地方。”好听不好听？当然好听！哪里是我的！中国古典文学、中国传统文学的色彩这一面占了，叫作典雅的部分占了，

贴地的东西也占了。比如说，何九叔是个火工，把武大郎的尸首烧了，但是武大郎死得蹊跷，作为一个下层的劳动者，有蹊跷他能够说吗？但是他害怕武松回来找他扯皮，烧的时候，把武大郎的骨头偷了一点。果不其然，等了几个月，武松终于出差回来了。何九叔在家里一边喝酒一边想：武松回来了我该怎么处理，武松要来了不分青红皂白要打我不是把我打死了？可怜！就是一碟子花生米，还是昨天吃得剩下来的，拿着酒一喝，要咽菜，不是花生米、枯黄豆，筷子大撮不敢撮，小拈还是舍得的，好不容易夹了一颗黄豆起来了，想到武松不分青红皂白，天哪，手都抖起来了。不要抖，伙计，我还要吃的，还没送到嘴边就滑下去了。为什么？怕！不怕，我不做亏心事，还怕半夜鬼敲门吗？跟我走，伙计，我把这口酒咽下去。黄豆又掉了，紧张。紧张什么？一把把它抓了，后头的酒还喝不喝不管了，要把武松这一关先过了，这才把一口酒喝下去。湖北评书可以细到这种地步，这就是我们湖北评书非常讨人喜欢的地方。

其实我原来是说相声的，20世纪50年代在学校读书的时候就说相声，还说得有点小名气，那个时候各个学校都请我去参加汇演，我对文化宫文化馆都很熟。到1962年，《红岩》面世，一时真叫洛阳纸贵，大家都想看，可这个书太俏了，一个单位都分不到一套。

很多单位就采取了一个办法——请人讲。我就是那时候讲《红岩》讲出名的。

1963年9月，我调进武汉说唱团，成了一名正式的曲艺演员，并拜了当时评书名家李少霆为师。我是以一个成熟演员的身份进说唱团的，又是一个教书先生，因此创作很自然就成了我的工作。我是带了16个节目进去的，别人开玩笑说这叫带艺投师。

我不仅说评书，更多的是写评书。我创作的段子要紧贴现实，紧贴民间，紧贴老百姓的喜怒哀乐，像刚从地里摘下的黄瓜，鲜嫩嫩的，脆生生的，爽口！

说唱团的演出是直接对观众卖票的，演得不好，观众就不来，逼得你要拼命地讨好观众。这不是坏事，很锻炼演员。只要是认真对待观众的人，观众一辈子都不会欺负你，我有切身体会。我说了一辈子书，观众欢迎我的时候是绝大部分，我也有说泼了的时候，但是我泼了，没有观众跟我喝倒彩，这是我最感动的。最典型的一个例子，1964 年，那时候我还没结婚，准丈母娘就在汉阳青石桥，我在准丈母娘家混了一餐饭吃，家在汉口，回家里去。那天没有演出，走到西大街口上一个杂货铺的门口，听到在放我的评书《许云峰赴宴》。当时大家都站在那里听，我也听。我听当然不是为了听热闹，是听自己哪里说好了，哪里没

说好。我一个人在那里运味。怎么这样说？要改要改！臭臭臭！我自己在那里跟自己商量，有两个老头站到我背后："怎么？你说他不行？"我回头一看吓了一跳，气势汹汹的。"怎么？你说他不行，你说一个看看？"这是维护我的观众，我既高兴又有点害怕。为什么？他万一搞错了把我打了怎么办？我连忙说"对不起对不起"，掉头就跑了。一边跑就一边笑：这是大水冲了龙王庙。观众喜欢一个演员，到了这样的程度，你说你作为一个演员，你会怎么样？我不能随随便便地搞东西，要认认真真地。我身边有一批朋友都是这样的，他们不一定有文艺理论，但是他们有感觉，他们敢说话。我经常把他们约着，说："伙计，我有个新节目念给你们听，好不好？好就好，不好就不好。"枪毙节目是怎么枪毙的呢？任何道理都没有！"小何，听了半天，这个节目不行。"

"怎么呢?""我说不了道理,不吸引人。""行了行了,这不吸引人比什么都狠,枪毙枪毙。"两个礼拜之后再来。我经常有一批朋友,所以我这一辈子,感觉到最幸运的就是,观众对何祚欢的认真是认可的。不是我有本事,哪有那么大的本事,观众认可你的认真,那你就认真下去。

我从艺50年就有一个心愿:在武汉找一个场子,敞开来,不要钱,让观众听我三场书。2012年4月15日到17日,我在江滩大舞台公演三天,天天下小雨,但是天天有一万多名观众。最后一场已经是滂沱大雨了,居然在我们卸妆的时候,还有观众守着,还有观众一直陪着我走到吃晚餐的

餐厅门口。我非常感动，当时说了一句玩笑话：这就是要送我进坟山我也值了。一个演员演了一生，跟观众始终保持这种相信又不相识的关系，这是很难得的，比钱重要。

表演艺术是需要传人的，现在不仅表演者没有传人，观众也没有传人了。我们离开观众已经40年了，剧场没有天天演出，天天演出卖不出钱来，这就是问题。所以现在关键是要培植市场。我不担心说书没有观众，因为就是说故事。哪怕我们这一代说书人走了，我后面的说书人走了，也没有关系，有人听故事，有人就会把故事琢磨好。历史上战争频繁，艺人颠沛流离，在那种情况下尚且能够流传至今，现在绝不会在突然的一个断层之后就没有了。评书和其他的艺术不一样，这是我的信心。新出来的艺人，自然会把新的生活体验带进去，所以不担心传承。

专家点评

明末左良玉驻军武昌，随军说书先生柳敬亭偶有入市说书的记录。崇祯八年，汉口后湖长堤工地上，胡先生说书并传徒。这都证明湖北省的说书起码有300多年的历史。

比较能确认的是清同治年末“丁铁板（丁海洲）”和龚柏庭南来献艺，“评（书）鼓（书）不分家”，可以算作“有谱有据”的起始。后来二人分别授徒，“评鼓分家”。传到民国初年，评书名角蜂起，流派纷呈，市面上“三堂”“五子”“三大流派”各张旗幡，已经是三代、四代之数了。那时容忠圣、陈树棠、江云卿“三大流派”各自传徒，至20世纪40年代李少霆师承容、陈两家，进入“大家”集大成的时代。李少霆承陈树棠严谨规范之遗风，得容忠圣“家常笔”之妙窍，大开大合之书风冠绝一时。沈邦寿得江云卿一派神髓，《麒麟豹》等书开惊悚幽默相交织的书风，也是一时翘楚。

何祚欢原是武汉第四职工业余中学的语文教师，1963年调入武汉市说唱团，师承李少霆。他充分发挥文化优势，在学传统的基础上，创作了一批新书，长篇《红岩》连续演出200余场，《红岩》片段《双枪老太婆》由上海文化出版社出版后，销售量达20余万册。“文革”中他被下放“五七”干校，更广泛地接触了社会，促使其改革开放后的创作“井喷”。他共创作长篇4部、中篇6部、短篇40多部，在中央电视台、中央电台各播出长篇4部。其中《排牌成亲》获“全国短篇曲艺作品评奖”一等奖；《杨柳寨》选段获“全国优秀曲艺(南方片）观摩演出”创作、表演双一等奖；《丑人李富生》获中国曲艺牡丹奖文学奖。1995 年以后以说武汉故事为主，开辟的电视栏目《话说武汉》《江城民谣》《都市茶座》全是说武汉的故事。报刊专栏《江城民谣》《“大武汉”凭什么称“大”》《十指摄魂》《大汉口商界》等，也是武汉故事。

何祚欢的湖北评书，充满书卷气，文化气息浓厚，不凭“惊险奇”取胜，而以娓娓道来的亲和力引人入胜，抖包袱轻松自然，贯口、口技、赋赞等技巧性手段安排得当，颇显功力。2006 年出版的八卷本 276 万字的《何祚欢文集》沉淀了他前一段的创作成果，成为读者喜爱、一再加印的读物。

注重广泛学习，不断进取，是何祚欢取得成就的主要原因。

围绕评书的表演，他向同行学习，与本地及全国评书界都保持着良好的关系，找机会向他们学习。武汉说唱团的各种曲艺样式，他都实践过，或学演，或创作，以取得“举一反三”的效用。他还向医生问从医常识，向京剧界学身段、学唱腔，向武术界学武术，一切都用到说书台上。

在创作方面，写评书脚本之外，他还写小说，写剧本，写随笔，写诗歌词赋，以此锤炼舞台上的语言。不拘一格、灵动新鲜的风格就是这样形成的。

有人评价说书，是“文人说书”，信不谬也。

（撰写　任珂）

国家级非物质文化遗产

湖北大鼓

扫一扫
观看湖北大鼓视频

湖北大鼓原称“鼓书”“打鼓说书”“打鼓京腔”“说善书”等，早在清代就已出现，由北方的“犁铧音”衍变而来。相传，清同治年间，山东的鼓书艺人到武汉演出授艺，其弟子为便于本地人接受，遂改为湖北唱腔，曾在武汉、孝感、黄冈等地区很流行。1950 年，著名鼓书艺人王鸣乐倡议改称“湖北大鼓”，得到广泛响应，于是使用此名，并流传至今。

湖北大鼓以鼓板伴奏，说唱兼长，风趣幽默。其唱词以七字句、十字句为主，也穿插一些五字句。演唱主腔称为“四平调”，风格平稳朴实，具有鲜明的鄂东北民间音乐色彩，既能叙事，又能抒情，并可根据表达需要变化成“快四平”“慢四平”“四平悲棚”“四平数板”“四平快流水板”“诙谐腔”“紧板急腔”等十余种不同板式、不同情绪的唱腔。唱腔虽不复杂，却富于变化，唱法上也各有风味，加之鼓、板敲击的轻重强弱与缓急快慢，灵活变换，以打动人心，吸引听众。

湖北大鼓具有类似评书演说的艺术风格。鼓书艺人掌握一部书的故事梗概，称为“墨路子”，即掌握了主要的故事情节及各个人物的性格特征，然后在演说当中，注意发挥与创造、润饰与加工，对故事情节及人物性格随机进行丰富与补充，往往能达到绘声绘

色、扣人心弦的艺术效果。同时，兼用“甩包袱”的艺术手法，调动广大听众的胃口，这种手法叫作“水路子”。鼓书艺人就是以这种“墨（路子）”和“水（路子）”结合的手段，产生艺术效果。

湖北大鼓过去是一人自击鼓板演唱。从 1958 年起，演唱短篇曲目时，有二胡、三弦等乐器伴奏，以唱为主。演出中长篇曲目时不加弦乐，说唱并重。说唱时，常有手、眼、身、步的表演，其演唱段落之间常会出现丰富多彩的鼓点牌子，令人耳目一新。

在传承过程中，造就了王鸣乐、陈谦闻、张明智等为专家和观众认可的大鼓艺术家，涌现了一批在全国性比赛中获奖的优秀作品。

张明智口述

张明智，1943年出生，“湖北大鼓”国家级代表性传承人，国家一级演员。代表作品有《亲生的儿子闹洞房》《如此媳妇》《农家乐》《找家家》等。张明智非常注重唱情，他的表演夸张，特别逗笑却不低俗。他广泛借鉴、学习相声、评书、小品的语言表达技巧，运用滑稽戏、独角戏等艺术形式的夸张手法，使节目生动、风趣。老年观众说他的演唱“味道足”，中青年观众夸他的演唱新鲜过瘾。他独特的嗓音和地道的黄陂腔调，在几代武汉人的耳边唱响。

我家住在汉口六渡桥的小火巷，六七岁的时候除了上学，每天就泡在民众乐园，省下过早的两毛钱买票看演出，也说不清楚原因，就爱上了湖北大鼓。每天在民众乐园，坐第一排中间的就是我，不管下雨下雪，风雨无阻，台上唱，我在台下跟着哼。11岁拜的师，师傅叫陈谦闻。我去了一些时间以后，就到后台去找他，我说陈老师我要跟您学湖北大鼓。我把《大老王剃头》一唱，感动了师父。我记得很清楚，那是1954年的3月15日。

拜师之后，我就勤学苦练，冬练三九夏练三伏，冬天我在下雪的平台上面练，冻得直抖；夏天在楼梯转弯的地方练，出一身汗。刚学的时候老师教的节目一个字都不会错，一个唱腔都不会错，就像钉钉子回了脚的，清清楚楚。我经常在我们那个巷子里面唱，人家烦就骂我：唱得没有腔没有调，不好听啊！

我第一次登台是16岁，在湖南株洲田心剧院，唱的是《三女婿拜寿》。服装也没有鞋子也没有，穿的是老师的服装，都大得很，鞋子大了前面用报纸一塞，从来没有穿过皮鞋，上去走路都不会走了。因为湖南跟湖北语言有些相通，在湖南演出不费劲，再就是广西、安徽、贵州演出，都没有影响。那个时候观众很乖，反正外地来的剧团嘛，就报以掌声，效果很好。我演完了之后，团里的老师把我抱起来往天上一丢，说了一句：湖北大鼓有接班人了。

为什么观众这么热爱湖北大鼓、喜欢湖北大鼓，就是因为湖北大鼓演唱的题材都是接近群众的，身边人身边事，大家比较容易接受。我的

目的就是要让观众高兴、乐呵、笑，在笑的当中得到启迪，得到教育，寓教于乐嘛。一个节目听懂了才有效果，我没有写什么大的题材，全部来源于生活，都写些小市民啊。冷门的殡葬工人、环卫工人、筑路工人啊，我都是写这些题材。没有生活的节目，就是一个空架子。有原型再来加工提高，因为每个人都生存在生活当中。我好奇心很强，我在街上走路，有几个人打架啊吵嘴啊，我都去看一看，这里面也有东西，这都是生活，平时就要积累生活。

我的成名代表作，很多观众都会唱——《亲生儿子闹洞房》《这样的媳妇》《找家家》，等等吧，一直流传到现在，也到港澳台、新加坡这些地方去表演了。我曾经接到美国洛杉矶的一个湖北籍观众的电话，他说，张老师你听

一听，这是不是您唱的湖北大鼓《找家家》，我说是的是的，你怎么有呢，他说我是湖北武汉人，我回到家乡的时候，专程买您的专辑到这里来，我们天天听，思念家乡，听您的湖北大鼓，就感到好像回到家乡一样。这令我非常感动。演员是观众在培养啊。我觉得越贴近观众越好，我最愿意在露天、在田间地头为观众演出。近距离地跟观众交流，效果会更好。观众喜欢我，我也喜欢观众，离不得观众。我每一场演出，观众都非常热情，给我鼓掌，给我献花，跟我合影留念，先是笑，到最后热泪盈眶。尤其是到最后我唱这个《新掌声响起》，这个曲子是原来的，唱词我是另外创作的，就是答谢观众这几十年来对我的培养。

我从 11 岁开始学湖北大鼓，一直到今年 75 岁，从来没有改过行，也没有干过别的事情。现在越来越多的观众愿意看湖北大鼓，湖北大鼓走到今天这一步很不容易。这一点我非常自豪，也就是我坚持到现在，一直坚持演唱，所以观众就没有把它遗忘。弘扬民族文化，传承国家非遗，这是我责无旁贷、义不容辞的。我还要把六男一女七个徒弟，都介绍给观众，我相信只要他们努力地把湖北大鼓唱下去，认真地把它唱好，拿出好的作品、好的唱腔、好的表演奉献给观众，观众就不会失望，湖北大鼓就不会失传。

我经常跟徒弟们讲，要注意自己表演唱腔、台风、言行，我不允许他们搞低俗的表演，博人眼球不行。文艺是高尚的，你教育人，教育人家，自己首先要受教育。唱英雄就要学英雄，唱模范要学模范，要以身作则。作为一个演员一个节目，要做到这么三点：领导认可、专家点头、观众鼓掌。最关键的一点就是观众。演员不能后继无人，观众也不能后继无人。我们的文学艺术都是为人民大众的，不管多大的官、多大的首长坐在台下，都是观众。我对我的徒弟们都是这样讲的，不要认剧场大小好坏，也不要认观众是当官的还是老百姓，都一样。我一辈子都这个态度，你坐在台底下都是我的观众。

我徒弟当中比较突出的有徐宁、胡运琦、葛声华等。

他们都唱了好多年了，最少的都有十几年。他们现在功成名就了，观众朋友们都认可他们了，也知道他们的名字。但是现在要把这一点甩掉，每到一个地方演出，都把我的名字摆在前面：下面请听湖北大鼓，由湖北大鼓表演艺术家张明智的徒弟谁谁谁为大家演唱。我希望他们尽快地，不要把我的名字放在前面，就报谁谁谁给大家表演湖北大鼓，这就到家了。但是还有个过程，这个过程我认为还是会很快的。只要他们努力地把它唱下去，认真地把它唱好，不让观众失望，拿好的作品、好的唱腔、好的表演，奉献给观众。

专家点评

张明智是为湖北大鼓而生的。

他这样说，圈内的人也这样说。

如果把清同治末年“丁铁板”（丁海洲）南末献艺算作湖北大鼓的起始，这一路传承到张明智，该是第七代了。名义上他是老艺术家陈千文的弟子，但真正的技艺传承，在武汉市曲艺队时期有它的特殊性。陈千文先生的老师是王鸣乐，这对师徒当时同在曲艺队，同是观众喜欢的台柱子，演唱风格却是各异其趣。王鸣乐灵动轻巧，幽默风趣，用嗓颇有点戏曲演员“提溜劲”的味道，听来轻松俏皮。陈先生创作能力强，当时红遍三镇的《三封信》《博爱姑娘》《大老王剃头》等湖北大鼓节目都出自他的手。他演唱刚劲火爆，是直工直令的路子。那时候，学艺不久的张明智面对师父师爷，就依自己的条件选择了王鸣乐的路子，以轻灵为主干，兼学陈先生的刚劲，唱出来还真是圆润流畅。

大主干确定之后，曲艺团体的“杂”又无形地为他的多才多艺提供了助力。他学胡琴，学到可以独立操琴伴奏。他学单弦拉戏，学到可以独立演奏的地步。他唱渔鼓，把渔鼓唱成了武昌曲艺队的当家曲种。他唱湖北小曲，可以把《双下山》唱到“翻头（返场）”！没想到“文革”一来，他充满激情的艺术之路被一刀切断，被下放到天门，后来“分配”到民办小厂。再出来演出，就是“业余界”的“爱好者”了！但他认真演出，努力创作，创作出了《找家家》这样的新作品，唱响了《这样的媳妇》。进入土产公司业余宣传队以后，更是队中主力，一台节目演半台。

这一切似乎都是对他的锤炼。1980年回到说唱团以后，他便势如破竹，把他所学所专所能全部用到了湖北大鼓上，一个个新作唱上了电台电视台，变成了音碟光碟。紧接着，全国调演，鼓书比赛，巡演各地，“张明智”声名鹊起，颇有“鼓王”的来头。

这时候，“杂家”的锤炼对他起了极大的推进作用。一个历史久远的老节目《亲生的儿子闹洞房》，他在关键的地方融入了楚剧“悲迓”的元素，居然唱出了催人泪下的效果。许多新节目里，他甚至会融合民歌、摇滚等各种元素，造就出“老曲新声”。

在传统艺术普遍不景气的时候，张明智一刻也没忘记对观众的揣摩。于是他“一阕新作一曲新”，一出台总给人一份惊喜。

更可喜的是，他如今门徒众多，极具实力的后辈已经强势地站出来了。湖北大鼓的人缘是人唱出来的，有了人，大鼓还会“鼓”动天下。

我们只会劝张明智少演，为了他的身体。

我们不会劝他不演，为了观众，也为了他。

（撰写　何祚欢）

国家级非物质文化遗产

湖北小曲

扫一扫
观看湖北小曲视频

湖北小曲原称汉滩小曲，主要流行于汉口、沙市、宜昌等长江沿岸一带，又叫外江小曲或汉滩丝弦，多以联曲体的结构形式演唱一些故事情节比较复杂的单折杂戏。天沔小曲主要流行于汉水一带的天门、沔阳、潜江、汉阳等地，又叫内河小曲，多以单曲体的结构形式演唱一些富有浓郁的地方生活气息的抒情小段。

过去，这两支小曲的艺人们因天灾人祸之故，经常被迫奔走外乡，四处行艺谋生。水系交通的便利，使他们在艺术上得到交流，传统曲目及唱腔曲牌便相互吸取，在长期的实践发展过程中，逐渐汇聚并融化在一起。中华人民共和国成立以后，由于其流行和影响的范围不断扩大，汉滩小曲与天沔小曲便合称为“湖北小曲”。

湖北小曲的传统曲目比较丰富，据资料统计，大小曲目约200个。这些曲目的题材大多来自传奇、杂剧和民间故事，其中以爱情题材居多，也有描写人民遭受痛苦、反对民族压迫、反映妇女遭受凌辱、歌颂和追求自由幸福、反对封建旧礼教以及一些知识性和趣味性的小段子等。

湖北小曲是我国曲唱艺术中具有代表性的一种，是湖北地方曲艺中音乐性较强、颇受群众喜爱的曲唱艺术。中华人民共和国成立以来，湖北小曲有了较大的发展，一直活跃在城乡舞台，丰富了城乡人民的文化生活。在新时期群众文化活动中，它的文化艺术价值得到了更加充分的体现，浓郁的乡土乡音，喜闻乐见的说、唱、弹、演的演出形式，深受广大人民群众的喜爱，同时也深受海外同胞及国际友人的欢迎。2008年6月7日，湖北省武汉市申报的“湖北小曲”经国务院批准，列入第二批国家级非物质文化遗产代表性项目名录。

何忠华口述

何忠华，1946 年出生，“湖北小曲”国家级代表性传承人，国家一级演员。1960 年加入武昌曲艺队。1973 年调湖北省曲艺团。1989 年调湖北省曲艺家协会。演唱的湖北小曲《选妃》在 1982 年全国曲艺调演中被誉为“放了一颗卫星”，开创了湖北小曲说唱大书的先河，并获“全国曲艺（南方片）观摩演出”表演一等奖。曾主编湖北曲艺丛书《花影录》《弹唱与大鼓》《楚韵新曲》等。“喝着香片茶，听听何忠华”，这是流传在 20 世纪六七十年代的一句俗语。她稳健的台风、出神入化的表演让每一位观众拍手叫绝，是红极一时的“小曲皇后”。

1960 年小学毕业，开始学唱小曲的时候，我对它一点都不了解，老师说让我跟谁学啊，我反正就听着，我都接受。我第一个学唱的小曲是《小女婿》。当时在黄鹤楼下有一个小剧场，老师把唱词交给我，唱啊唱啊就上台了，第一次登台。我都不敢看台底下，真的是闭着眼睛唱下来的。

一年后，我拜在湖北小曲音乐编曲的著名盲老艺人喻义和与湖北小曲著名女艺人程德荣老师门下，学习湖北小曲演唱和琵琶弹奏。我当时只有15岁，觉得没有别的办法，只有刻苦钻研。15岁那年，我唱的一段小曲《碧血丹心》，在省级教学观摩汇演中得奖，这是对我的莫大鼓舞。湖北小曲这门民间艺术，看

上去没有什么特别，好像谁都可以，其实不是那么回事。虽然通俗易懂、贴近生活，但其中蕴含着丰富的历史掌故和做人之道，很多抒情写景说人道事的篇章结构和艺术表现手法，牵涉大量文史知识。这些得益于我的恩师蒋敬生先生。在曲艺表演上，他从文化上提高了我对很多艺术的认识，强化了我的文化学习，提高了我的文学修养，给我进行了全方位的、系统的教导。我父母亲也经常教育我，既然干了，就要干好。小曲是我们老祖宗传下来的，从哪个方面来说都是我们的宝贝，要把它学下来继承下来。行行都要吃苦，才能学得出来。我对小曲经历了一个从不爱到爱的过程。

姚俐玲口述

姚俐玲，1976年出生，“湖北小曲”省级代表性传承人。1998年师从何忠华学习湖北小曲，1998年以湖北小曲《嫂子颂》获湖北首届新人新作金奖。2004年6月随文化部演出团访问日本，演唱湖北小曲《黄鹤楼》《小女婿》。其嗓音圆润、甜美，表演清新、大方。

我是18岁考入武汉说唱团的，当时以为进来都是唱歌、表演的，根本不知道什么叫曲艺。1994年的时候，团里送我们到中国北方曲艺学校学习，我被分到西河大鼓专业，一听都傻眼了。我不知道什么叫西河大鼓，更何况西河大鼓用的是北方曲艺，用的是京字京腔，我们武汉人过去的话，由于语言的差异，其实闹了很多笑话。我

每天早晨六点钟不到起床练功，除了吃饭和睡觉，嘴皮子基本上从来没有停过。我告诉自己，既然选择了这条路，就要干一行爱一行，就要把它学好，就这样慢慢地爱上了曲艺。

因为我成绩还比较好，所以当时天津曲艺团、北京曲艺团，再然后中国铁路文工团，还有留校，四个单位都是让我选择的，最后我还是回到了武汉说唱团。1997 年回团之后才首次接触湖北曲唱，湖北小曲呀，湖北大鼓呀。当时教我们的是湖北说唱团的老艺术家甘发新老师，当时老师已经年龄很大了，教了我们《放风筝》《小女婿》《套年糕》。

1998 年我要参加湖北省新人新作比赛，身边的很多老师专家说，想学好湖北小曲、唱好湖北小曲，得去找一个人，那就是被誉为“小曲皇后”的何忠华老师。通过引荐和介绍，我终于见到了何老师，从此结下了不解的师生之缘。何老师给我的第一印象是，很美很漂亮，说话很温柔，那种书香门第的气质，是由内而外散发的。后来何老师简单地给我来了一个小段，她的一招一式，她的手眼身法步，她的眼神，每一个动作都让我膜拜，所以我就下定决心，一定要把老师的东西都学过来。

2002 年拜完师以后，遇到市场经济对传统曲艺的冲击，当时唱湖北小曲，演出的机会很少，除了比赛和展演，很少能够上台

演唱湖北小曲。何老师很体谅一个年轻演员在这个社会上生存的不容易，她只会说，有时间的时候到我这边来上课。但是很多时候我都在忙其他的事情，所以那段时间我很害怕见她，因为从 2002 年起，我实际上是以唱歌为主，湖北小曲为辅。这一情况一直持续到 2008 年。这六年对我的人生而言是一个迷茫的状态，看起来非常活跃，总是在舞台上，可是更多时候觉得自己像一个没有根的浮萍。我很痛苦，很迷茫，找不到自己的价值。

直到2008年，湖北小曲经国务院批准列入第二批国家级非物质文化遗产名录，我被授予省级第一批非物质文化遗产代表性传承人称号，这项荣誉给身处迷茫的我重新找回了方向。正好在这个时候，焦随东老师作词、何成平老师作曲、何忠华老师指导完成的一部作品《千古知音》问世。这部作品讲述的是我们湖北人俞伯牙和钟子期的故事。《千古知音》区别于传统的曲目，在音乐元素和取材上面用了很大的革新，取消了传统乐队的民乐伴奏，连MIDI（通俗说就是计算机能够理解的乐谱）都是用的交响乐。接到这个任务之后，我再次回到舞台上演唱湖北小曲。我觉得我整个状态发生了很大的变化，这一点我非常感谢焦随东老师说的那段话。他说："小姚，我觉得如果是作为一个歌手的话，你充其量只是一个二流歌手，但是以你的曲艺素质，以你的曲艺素养，你再努把力，你一定会成为一个很好的曲艺表演艺术家。"焦随东老师的这句话，可以说让我醍醐灌顶，一句话惊醒梦中人。所以我再次回到何老师身边，请求老师支援，告诉她，我想静下心来做这样一件事了。

《千古知音》演出的成功，让沉寂一时的湖北小曲再次在舞台上放出光芒。其实时代在变化，观众对曲艺的要求也不同了。这几年我自己试着写了很多作品，但是每一次把作品交给大家或者是让大家听、让大家看的时候，大家的很多反应就是，这个叫湖北小曲，湖北小曲好好听啊。所以我接下来的任务，除了演唱湖北小曲，可能推广、普及、传承湖北小曲，才是我重中之重。

越是民族的，越是世界的。如果一个国家，一个城市能够把自身的本土的本真的东西，保存下去保持下去，才具备自己的特点。当你走了一条很少有人走的路的时候，你会觉得很孤独，很无助，但是越是人走得少的路，风景会越美。所以不管这条路怎么样，我们会继续地把它走下去，而且要坚持把它走下去。

专家点评

何忠华是 1962 年夏天在湖北省“湖北小曲观摩演出”上爆红的。

那次参演的队伍不少，演员却很小，除了省民间歌舞团有一两个成年演员，其余各团体多是来的“小丫头片子”。湖北小曲在清同治年间唱遍汉口和沙市、宜昌等地茶馆，民国年间红了“春枝”“喜枝”等名角的风光，后来却变成了几个盲艺人的苦苦支撑。这一次演出，是凋零之后求复苏的尝试。参演单位充分准备了，但普遍信心不足。

可是演起来却出人意料。罗贤珍的《蝶恋花》（毛主席词谱曲）火了；周雅兰、涂映春的《九红出嫁》火了；周艳琴的《江姐进山》火了。接着上场的是一个比“小丫头”还要“片子”的小姑娘，节目是大家熟知的、许多年来没人唱出好来的《碧血丹心》。不想一开口的两句，“解放军王排长打仗负了伤，有一位李大娘背他上山岗”，稳定的叙述一下就将场子定住了。接着展开三个人之间的故事，条理清楚，人物清楚，情绪到位，居然成为整场中最出色的表演。人们开始打听，何忠华就这么被人们记住了。

后来才知道，她年纪虽小，却已经是武昌曲艺队的小台柱子了，这个节目是蒋敬生先生一字一句一节一段抠出来的。人们于是注意到武昌曲艺队的后台除了他们的队员，经常去坐坐的有省文化局“曲工组”的蒋敬生和几个作家、曲艺家，他们都是队长胡明朗请来给青年演员“把脉”的。蒋敬生先生更是为年轻人讲诗词，讲《古文观止》，给她们排节目。在这群年轻人中，只有何忠华少年老成，能够接受蒋老师严苛的训练。

进入80年代，何忠华步入中年，台上台下的表现就显出“腹有诗书气自华”的特点了。一曲《南包公》选段《选妃》，一下在“全国优秀曲艺（南方片）观摩演出”上打响，作者蒋敬生和她都成了大家关注的焦点。创作、表演双一等奖之外，还被选为全国示范巡演的节目。大江南北，都知道湖北有个何忠华。

从此，何忠华一发不可收，会演，得奖，讲课，授徒，再不是少言寡语的小丫头，而是一个文韵翩然的艺术家、老师。蒋老师的培训、武汉大学的熏陶，多年对每个节目的锤炼，使她的演唱比一般演员多了一点文气、一点诗意。她带着一班人在“湖北艺术职业学院”硬扛着开办“曲艺班”，不仅带出了一批曲坛后学，还使她把艺术的传承当作自己终生的责任。何忠华门下，桃李灿然；云板丝弦，文韵悠悠。何忠华和她的弟子们值得期待，湖北小曲，值得期待。

（撰写　何祚欢）

湖北省省级非物质文化遗产

湖北渔鼓

扫一扫
观看湖北渔鼓视频

湖北渔鼓是在沔阳渔鼓的基础上发展起来的，主要流行于湖北武汉、天门、沔阳、潜江一带，源自唐以来的道情，传入湖北的时间约在清中叶，兴盛时期在清末，至清末民初时渐衰。中华人民共和国成立前夕，洪湖籍周忠全、黄玉堂等携渔鼓伴唱的皮影戏班来汉献艺，渔鼓才逐渐扎根武汉。1958 年参加全国曲艺汇演，定名“湖北渔鼓”。

湖北渔鼓的唱腔丰富多彩，有平腔、悲腔、鱼尾腔、琵琶腔、杂花腔等五类，传统唱腔里还保存有哭灵腔、观音腔等曲牌。唱腔的音乐结构是曲牌连缀体，各种曲牌可自行组成，并无曲头、曲尾的要求。唱词有七字句、十字句和由五、五、七、五组成的五七句式三种，四句一番，出番可换韵。

目前湖北渔鼓的演唱已形成三种风格流派：平腔渔鼓以平稳、温柔、淳厚为特色，此为仙桃派演唱风格；高腔渔鼓以风趣、热情、高亢为特色，此为天门派演唱风格；而以秀美、深情、流利为特色的，则是潜江派的演唱风格。

湖北渔鼓的传统曲目十分丰富，以反映冤案内容的为最多，其次是演义或戏曲故事、民间传说等。传统曲目有《吕蒙正赶斋》《洪秀全》《谋考案》《十三款》等。

陈世鑫口述

陈世鑫，1942年出生，“湖北渔鼓”省级代表性传承人。1962年7月毕业于武汉市艺术学校后，开始从事说唱演员工作。弹唱《湖北佬》获文化部群星奖评比优秀奖，湖北小曲《新婚之夜》、湖北渔鼓《竞赛新歌》获文化部、全总调演优秀奖，相声《婆婆多》获中央电视台荧屏奖，独角戏《楼上楼下》《哒哒嘀》《婆婆多》和弹唱《思念》等6个作品获省文化厅一等奖。

湖北渔鼓最基本的唱腔叫七五韵，就是按句式结构定的曲牌的名字，句式结构五五七五，第一句五个字，第二句五个字，第三句七个字，第四句五个字。

著名的神话故事《八仙过海》里面有几位是民间文艺大师，“张果老，倒骑驴，渔鼓怀抱”；“韩湘子，在空中，口吹玉箫”；“蓝采和，拿云板，南腔北调”；“吕洞宾，持宝剑，捉鬼降妖”。这个八仙过海，后来就成了所有渔鼓艺人的祖师爷。每一次我们集会的时候，都要焚香祭拜八仙。我们渔鼓表演的主要道具就是张果老拿着的渔鼓筒子。

湖北渔鼓是在沔阳渔鼓和天门花鼓戏的基础上发展起来的。我的老师甘发新是武汉的湖北小曲和湖北渔鼓在音乐上的奠基人。1959年，我

和老师第一次赴北京参加公演，大开眼界。侯宝林、马三立、高闫军，骆玉笙（艺名小彩舞）等一些名家亮相，学习了不少的内容，也得了个优秀奖。当时不分一二三等奖，就是优秀奖和没有奖。北京的公演，让我崭露头角。1959 年，我正式考入武汉市说唱团，名师的指导和艺术的滋养使我很快成为舞台上的新星。虽然吹拉弹唱样样精通，但我还是更钟情于湖北渔鼓这种本土戏曲。我自己也创作了不少作品，包括编曲，包括作词，一共有上十个，还录了一个盒带。渔鼓在唱腔上和道情的音乐差不多，但是受五五七五的限制，而道情可以展开。所以我在音乐创作上，尽量地吸收一些江汉平原的地方的小调民歌，包括《洪湖赤卫队》的音乐等一些素材。我还借助全国300多个曲种轮番来武汉交流演出的机会，与京津弦鼓、扬州评话、姑苏弹词等曲艺同行交流，对渔鼓表演、唱腔进行改进。比方说像琵琶词、双鱼尾，在传统唱腔上很少，琵琶词的唱腔比较活跃、跳跃，把原来的格式都打破了。还有双鱼尾的唱腔，跟原来渔鼓的唱法大不一样。1958年的时候，双鱼尾唱腔的流行可以跟当今广场舞相媲美，因为那个唱腔很简单，普及得非常快，居委会、学校、工厂、机关都唱这种渔鼓。

后来我又把独角戏的表演引进湖北，所做的最大改动，就是让我的弟子田克兢用武汉方言演出，我还给他写出了《楼上楼下》《邻里之间》《公共汽车》等剧本，果然田克兢的独角戏一炮而红，轰动三镇。

我现在就希望曾经带给武汉人民无限欢乐的老民众乐园能够再次回归人们的视野，真正成为艺术家的殿堂、人民群众的精神乐园，让湖北渔鼓再次点燃楚音汉调。

专家点评

在湖北省曲艺界，陈世鑫算一个特例。

1959年初入武汉市曲艺队当学员时，他是被当作伴奏员培养的。二胡、四胡、三弦、坠胡都让他学，还派他到广东学古筝。没等毕业，他就能和主弦老师平分秋色，担当几个曲种的主弦琴师。

在排练湖北小曲时，人们发现他唱得有滋有味，真假声交织运用十分圆熟。那时小曲男演员奇缺，领导便让他与女演员配对，一曲传统节目《抢伞》就唱火了。他被当演员用了，几个传统节目《韩湘子化斋》《双下山》《盘夫索夫》，还有创作节目《桂花回娘家》《两亲家》都排了，演了，观众认他了。

可是好角遭人抢，团里的渔鼓演员也注意上了他。偏偏他在为湖北渔鼓老艺人周忠全、黄玉堂等伴奏时，又差不多唱会了他们的全部节目。渔鼓演员蔡贤臣、邹立把他拉出来一试，这个曲种就由两个人搭档变成了三人轮流搭档，感觉丰富多了。于是他们排出了一批节目，传统的如《一文钱》《道士怕鬼》《苕女婿过门》，创作节目有《大刀风云》《巧撞车》《光荣海战》，等等。

1965年，全国学习内蒙古“乌兰牧骑”，湖北省在大部分地（区）县组织了类似的文艺小分队。正式演出之前于10月份组织了全省大集训，陈世鑫被抽调与会担任辅导老师，教的就是湖北渔鼓。

这似乎是冥冥之中有“苍天”为他做出的影响他一生的安排——让他初次

尝试了湖北渔鼓的“传”和“承”，为将来的传承积累了经验。

接下来“文革”开始了，他被改行成了市群众艺术馆的馆员。他以辅导业余为本职工作，以“为他人作嫁衣”为已任。他没有灰心，他已经有过传承的经历，干脆全身心向社会传播曲艺，教了小曲教渔鼓，教了道情教快板，拳打脚踢，十八般武艺全上。他带出的业余演员，年复一年地到处拿奖，把武汉的“业余界”造就成了“拿奖大户”。

到文化馆辅导干部也可以参赛的时候，他个人也成了拿奖大户，《竞赛新歌》全国金奖，《立志当行》全省金奖，证明着“给人一碗水，须贮一缸水”的道理。

艺术的传承到了紧要时，往往是由艺术家和欣赏共同来完成的。陈世鑫“改行”以后虽然没在专业舞台演出，却把湖北渔鼓和其他曲艺留在了观众之中，留在了“票友”之中。这种传承早就在实行。我们在一般传承人之外，切不要忘掉了这种传承。

艺术不灭。

有了不拘一格的传承，有了陈世鑫这样的传承人，湖北渔鼓不灭。

（撰写　何祚欢）

传统戏剧

汉剧	国家级非物质文化遗产代表性项目
新洲皮影戏	武汉市市级非物质文化遗产代表性项目

国家级非物质文化遗产

汉剧

扫一扫
观看汉剧陈派视频

扫一扫
观看汉剧吴派视频

汉剧，旧称楚调、汉调，又名楚腔、楚曲。初步形成于明代万历年间，清代嘉庆道光年间进一步成熟，至今已有近400年的历史。它流行于湖北，远及湘、豫、川、陕、粤、皖、赣、黔、晋等省的部分地区。

汉剧是以西皮、二黄为主要板腔体的地方戏曲剧种，其文场曲牌有400余首，包括唢呐、笛子、丝弦三类。伴奏乐器有胡琴、二胡、月琴、三弦、笛子、琵琶、唢呐、板鼓、锣、钹等，并夹用马锣的“川打”。汉剧剧目丰富，号称“八百出”，现尚存650余出，其中较流行的约300多出，主要取材于历史演义和传说故事，代表性剧目有《双尽忠》《两狼山》《生死板》《审陶大》《合银牌》《斩李虎》《宇宙锋》《闹金阶》《哭祖庙》《打花鼓》等。

汉剧的行当较为完整，共分十大行当：一末，即老生唱做兼重；二净，即花脸以唱功为主；三生，即正生唱做兼重；四旦，

亦称正旦，以唱为主；五丑，也称小花脸；六外，亦称外角，以表演（即做工）为主；七小，即小生；八贴，即花旦；九夫，即老旦；十杂，即架子花脸。

汉剧的唱腔有固定的程式，也有复杂的变化，同是一种调子，各类角色的唱法不尽相同。根据“本嗓”“小嗓”“边嗓”及“闭功”等不同的发声，各具特点。

汉剧在发展中先后涌现出众多杰出的艺术家，尤其是中华人民共和国成立后形成的吴（天保）派和陈（伯华）派表演艺术代表了汉剧发展的高峰，在全国影响很大。

汉剧在中国戏曲史上影响并催生了京剧的产生。徽汉合流是以汉调为主，融合徽、昆、梆等剧精华在北京的地方化。

湖北罗田人余三胜的《李陵碑》开创了京剧反二黄的唱腔史。武昌人谭志道演出的《沙桥饯别》，现仍为京剧的保留剧目。其子谭鑫培创立的湖广韵，已成为京剧咬字念白的梨园家法。汉剧2006年入选第一批国家级非物质文化遗产名录。

胡和颜口述

胡和颜，1947年出生，“汉剧”国家级代表性传承人，国家一级演员。1959年在武汉市戏曲学校汉剧班学习汉剧表演，习汉剧“四旦”。1980年拜师陈伯华，先后主演陈派名剧《二度梅》《状元媒》《宇宙锋》等。饰演高夫人的新编历史戏《闯王旗》被摄制成电影戏曲艺术片。1991年，主演《二度梅》，获得第八届“中国戏剧梅花奖”。在唱功上，胡和颜讲究宽中藏秀、柔中含刚的声腔运用，对唱的力度掌握到了“放如洪水决堤，收如春蚕吐丝”的程度，广博众彩，形成了空灵清超、俊雅飘逸的演唱风格。

20世纪50年代，武汉刚刚解放的时候，唯一的娱乐就是看戏。我们家在江汉路附近，是修钟表的。我的妈妈那个时候和我的小姑妈、小姨，晚上没有事就去民众乐园。民众乐园是一个真正的娱乐场所，什么剧种都有。我跟着她们每天听，也不吵，也不闹，也不哭，从小就接触到这些传统的戏曲。

我从小就非常喜欢汉剧，其他的什么都打动不了我。我自己无师自通，每天早上就喊嗓子。天生就有这个嗓子，有亮音。还有，自己在地摊上买《梁山伯和祝英台》、黄梅戏《天仙配》的小脚本，不光前面有剧本，后面还有唱腔。1959年，我考入武汉市戏剧学校，工习四旦，并引起了汉剧大师陈伯华的注意，将我当成汉剧接班人来培养。我跟1957年甲班的师姐师哥一起，组

陈伯华与胡和颜合照

成一个团一起学习，把最好的老师请来给我们教戏，都是40多岁、在台上非常光鲜的老师。不分行当，所有的女生都在她（启蒙老师）那里，她就教一个月。在这一个月当中，她觉得你是唱青衣的料，就让你留在她那里；觉得你是唱老旦的，就去老旦那里；唱花旦的就去花旦老师那里。我一个月之后就在她那里当青衣。我们这一行就是言传身教、口传心授，她唱一句我模仿一句。学了一年之后，我们全部转到戏校去了，戏校叫京汉楚。

京剧分生旦净丑，我们是一末到十杂。一末、二净、三生，程良美老师是三生，我是四旦，五丑就是白鼻子，唱丑角，六外、七小、八贴、九夫、十杂。过去在旧戏班子说的，三生和四旦是班子的顶梁柱，只有四旦才能够压得住戏。一个好嗓子、一个好扮相，又会唱，什么戏都需要这样的演员。板腔二黄和西皮，我们跟京剧是一模一样的。就是由于语音的不一样，我们报的是武汉话，北京报的是普通话，腔是一样的。

1980 年，我正式拜师陈伯华，她亲授我《状元媒》，演柴郡主。她跟我说，柴郡主跟穆桂英不一样，穆桂英是山里的野夫，是从山里出来的，你这个郡主是皇宫出身的，身份不一样。虽然说在台上打斗都有，但你是花拳绣腿，武功没有穆桂英那么高。她告诉我这个人物要怎么表现、怎么把握，在台上演出要有大腕的范儿，不要瞎动，要稳。

我就记着老师的话，在台上演出不瞎动，非常沉稳，非常压台。

陈伯华老师非常热爱艺术。她说，什么都是小事情，只有艺术大过一切。所以做了这一行，就要爱这行，要把它搞好，全心全力地把事业当成自己的生命。教我的老师都是非常热爱事业的，这在无形当中影响了我。我在老师身上，学到了她对事业全心全意、对学生毫无保留的奉献精神。

虽然说我现在年纪大了，但是我的精力好、嗓子好，我还能够示范。现在我们汉剧也是个小众的艺术了，所以我们要传承，把过去的、老师教我的好戏，毫无保留地一代一代地传下去，而且不是照搬过去，而是要按照现在的时代发展，与时俱进，还要精益求精地把它打磨好。人家京剧为什么现在成了国剧呢？那就是把我们汉剧的东西学过去，又加工、提高。我们现在也要加工提高。

程良美口述

程良美，1940年出生，“汉剧”国家级代表性传承人，国家一级演员。1956年考入武汉市戏曲学校，学习汉剧“三生”行表演。1959年毕业后分配到武汉市汉剧团，拜吴天保为师。代表剧目有《哭祖庙》《四郎探母》《辕门斩子》《法门寺》《未央宫》《打金枝》等。其挺拔、高亢、豪迈、大气、深情的表演风格，深为观众所喜爱，成为观众、专家公认的“吴派”表演艺术继承人。

我是从农村来的，祖祖辈辈都是农民。我家住在汉阳县索河镇，在乡里读书的时候，就知道我们乡里有一个唱戏的爹爹，这个爹爹名声很大，是著名的汉剧泰斗、艺术大师吴天保。

1956年，15岁的我第一次从农村来到汉口，用我的铁嗓子唱了一首《东方红》，结果被武汉市戏曲学校录取。我刚进戏校，又是乡里来的，什么东西都不会。学习汉剧必须会说武汉话，必须改变原来的口音，所以我就“不要脸面”地虚心地学，学了真本事，开始有板眼了。

1959年，我以优异的成绩毕业，同年分配到武汉市汉剧团当演员，被时任团长的“须生大王”、吴派创始人吴天保慧眼看中。他一生也没有教过徒弟，我是他唯一的、正式登门学戏的徒弟，没有第二人。他教我毫无保留。首先教我的，就是吴派代表作《哭祖庙》。他很认真地教，我很认真地学。1962年，汉剧院建院的时候，我这个戏是建院的节目，一炮打响了。自那以后，所有的吴派戏，《哭祖庙》《四郎探母》《辕门斩子》《法门寺》《未央宫》《打金枝》等，就是我的戏，都是师傅教了，他同意了，才能上演。所以当时的晚报上写的，吴天保亲授，程良美主演。

我记得有一次演《法门寺》，我师父的代表作，有个甩发的动作，一甩发，整个头被勒住了，头套掉到台上去了。当时年轻嘛，观众原谅我，我下到后台去，重新系头。当时师父在旁边看着，我心里蛮慌，怕师父批评我。结果师父并没有批评我，而是告诉我勒头的原因，指导我怎么做才不会勒头。别人知道后都说，你师父好喜欢你啊。因为在过去旧社会是，情愿给你钱，都不给你进言，怕你把东西学去，自己就没有饭吃。

我的一生，无论在任何场合，我都是两个感谢。第一感谢党，是党组织培养了我。第二我要感谢恩师吴天保。我现在的工作就是要传承、抢救汉剧，我要用余生，为汉剧事业做出微薄的、有限的贡献。

程良美《哭祖庙》

专家点评

汉剧“吴（天保）派”艺术

近代汉剧在武汉的兴盛，自“泰斗”余洪元开“末”行领班之风始，紧承者乃吴天保之“三生”新范儿，可以说他是汉剧界第二位建立艺术流派的宗师。

汉剧行当以“三生”为正生。传统表演重唱轻做，向有“挑大梁的铁扁担”之说，繁重的“类清唱”模式虽曾一度拥趸者众，然而在20世纪30年代的大武汉，汉班旧习与现代都市观众追逐时尚新奇的审美相去渐远。为扭转剧种颓势，一批汉剧名伶力图创新，吴天保作为他们中的杰出代表，精研角色情感表达的“舞”化呈现，改旧制、重身形、创新腔，融汉剧“生、末、外”于一体，终成声腔激越清新、表演规范严谨、侧重刻画人物的“吴派”新风，将“三生”表演技艺推向唱、做、念、舞完美之臻境，使行当艺术达到前所未有的高度。

吴天保时期的汉剧“三生”领班，搬演新剧，整肃台风，更新舞台，不仅以鲜明的时代感重新赢得江城观众，而且以独树一帜的艺术风范令不少兄弟剧种和名伶折服敬佩。

汉剧“吴派”知名度较高也深受戏迷观众喜爱的代表作，有《哭祖庙》《四郎探母》《辕门斩子》等。然而由于“三生”行当技艺对传承人才有较为特殊要求，历来真正秉承汉剧“吴派”衣钵者为数寥寥。所幸当今有武汉汉剧院程良美这位国家级“非遗”传承人，悉心传教后辈，方使独树一帜的汉剧“三生”唱腔和表演技艺一脉承续。

（撰稿　宋辉）

汉剧“陈（伯华）派”艺术

清代同治、光绪年间汉口开埠，汉调之襄河、荆河、府河、汉河四大“路子”（流派）班社名家纷至沓来；1912 年汉调正式定名汉剧，一时以汉口为中心，汉剧科班迭起、演出兴盛。第一次国内革命战争时期，汉剧开创女科班，培养本剧种的女演员，20 世纪 30 年代崛起江城的陈伯华正是其中翘楚。

作为一代汉剧大师，陈伯华将毕生奉献给汉剧，她突破传统戏曲的青衣和花旦行当局限，继承和发展前辈名家董瑶阶、李彩云等的艺术传统，也大胆吸收京剧“梅派”“程派”等的精华，极大地丰富了人物表演。尤其值得一提的是，“陈派”艺术在唱腔上的革新——既保留传统又大胆融合，根据不同人物设计出许多脍炙人口的唱段，再以清脆迤逦、富有弹性的嗓音，尽显汉剧旦行花俏、细腻又不失深沉之风格。已故京昆大师俞振飞曾高度评价“京剧 300 年出了个梅兰芳，汉剧 300 年出了个陈伯华”。

陈伯华对汉剧的贡献不仅是开辟了旦行艺术的新纪元，更为重要的是，“陈派”艺术以高雅细腻的唱腔和华美传神的表演提升了剧种的整体文化品位，标志着汉剧当代发展的一个里程碑。

武汉汉剧院的胡和颜曾得到陈伯华大师亲授真传，现今她作为汉剧国家级“非遗”代表性传承人，正积极致力于将“陈派”艺术发扬光大。

（撰稿　宋辉）

武汉市市级非物质文化遗产

新洲皮影戏

扫一扫
观看新洲皮影戏视频

皮影戏，旧称“影子戏”或“灯影戏”，是一种用蜡烛或燃烧的酒精等光源照射兽皮或纸板做成的人物剪影以表演故事的民间戏剧。相传汉武帝爱妃李夫人染疾故去了，武帝思念心切，神情恍惚，终日不理朝政。大臣李少翁一日出门，路遇孩童手拿布娃娃玩耍，影子倒映于地栩栩如生。李少翁心中一动，用棉帛裁成李夫人影像，涂上色彩，并在手脚处装上木杆。入夜围方帷，张灯烛，恭请皇帝端坐帐中观看。武帝看罢龙颜大悦。这个载入《汉书》的爱情故事，被认为是皮影戏的渊源。皮影戏子在灯光照射下，用兽皮隔亮布演戏而得名，是我国民间广为流传的傀儡戏之一，距今已有两千多年的历史，是世界上最早由人配音的活动影画艺术。

新洲皮影戏是在新洲区广为流传的一种民间演唱艺术，皮影戏艺人主要分布在新洲区仓埠、汪集、旧街、徐古、邾城等地。

皮影戏的皮影由剪纸发展而来，开始时用纸剪成侧面人形和道具形状，后以半透明的皮革制作。皮影戏的演出剧本多为民间传统戏曲抄本，演出方法与现代皮影相似，即以灯光照射透明人物造型表演故事。演唱时由男子配唱，需表现女角色时，则用手捏住脖子挤出尖细高亢的声音，并用锣鼓等打击乐伴奏。演唱曲调充满当地乡土风味，十分吸引人。

新洲皮影戏经过不断创新和发展，剧本增加了现代题材，配唱增加了女声，伴奏增加了丝弦乐，演出从乡村稻场走上了城镇舞台，使古老的民间演唱艺术焕发出青春的光彩。

王仁波口述

王仁波，1947年出生，“新洲皮影戏”市级代表性传承人。14岁拜高姓师傅学习皮影戏，三年学艺后出师，开始登台表演。1983年荣获武汉市新洲县民间优秀艺人演出证。其高亢、抑扬的唱腔具有浓郁的地方特色和乡土气息，深受农村广大观众欢迎。

皮影戏是从唐朝流传下来的，通过几代人的改革，一直到明朝的时候才形成了今天看到的皮影戏的雏形。我们新洲区就已经形成了这样的一个台子：两个门板，上面一个，下面一个，下面还有木砖。我们影子戏有专供表演的箱子，一边属于大手，一边属于小手，大手这边是男装，小手这边是女装，一起可以装八十八角，一般有四五十个就可以了。每一个形状的样子，要四件影子，防止在演出当中有损坏了的。这个在老百姓那儿叫“梳子齿”，我们行话叫“夹钳”，便于影子的存放。

我1960年开始学皮影戏，我的师父是信贷社的会计。那时候农村需要蹲点，他就在我们这个村里住着，看到我是唱皮影的苗子，就让我跟他学，但没有正式拜师。有时候他唱戏时，我就在台上玩一下子，帮着打杂，没有任何报酬，只能说他有饭吃你就有饭吃，他没有饭吃你也没有饭吃。

1982 年我行了拜师礼。1980 年到 1990 年这十年，皮影戏是非常红火的，你在这个湾子里唱戏，十本叫一台戏，十本唱十天就属于一台，一般唱十本、十五本，最少也有七八本戏。这个湾子十本唱完了，下面还有人来要这个箱子的戏，甚至到了晚上唱完了，三四处的人抢我的箱子，这个湾要我到这里，那个湾要我到那里，抢起来了。

最远的我们到过黄冈的杜皮乡、贾庙乡，麻城那里都去了的。那时是靠肩膀挑，就挑这一担箱子，东西都放在箱子里，木板这些大件就不要，到了别人湾里就地取材。一般要唱四个小时，连着唱四个小时，一开锣就不能停了，因为手上忙、口里忙，四个人都是忙碌的。最后一次是 2013 年在新洲种子队，那街道后面挤满了人，光车子就是几十辆。看着心里真是高兴啊！唱戏的人都觉得，看戏的人越多越好。

唱皮影戏的人说是一提、二打、三唱，其实还有雕啊、画啊、写啊。像我们新洲区这一块的，往年传下来的影子都是用纸做的，也叫皮影戏，但实际上是纸做的。过去就是用那种好纸，我们新洲叫蹼纸，三层或者四层一合，合了以后再雕，雕好了以后再分开，当中用白纸或者是白布，再两块一合，就成了影子。

我现在没有传人，没有人学啊。皮影戏这个行当没有读书不行，必须要读书，但是读了书之后大家都想找个好工作，做皮影戏没有饭吃，没有人请，没有前途，学着做什么。我觉得我是爱这个东西，非常爱，往年我一年要贴好几千块钱进去，把附近的师傅们都请到我家里，就在我家里唱，看的人还是挺多，湾子里面的人来看，甚至还有外湾的人来看。我爱这个事，但是爱这个事，一个人也玩不成，完整地完成一本戏需要其他师傅的配合。

专家点评

中国皮影戏历史悠久，目前被列入“非遗”的湖北皮影戏项目繁多，于荆楚民间多地散布。作为当代后起的新洲皮影戏，尽管迄今未形成完善的声腔音乐，但这一民间艺术样式在造型、文本、演唱、技艺等方面体现出一定的综合文艺的魅力，也曾因深厚的“草根”基础一度成为武汉远郊乡村民俗活动的重要娱乐内容。一担小影箱，三四弄影人，既有精致的纸影制作工艺和奇绝的皮影操控技艺，也因以曲腔灯影融入民间生活而与当地民俗发生千丝万缕的联系，成为研究武汉市井及远郊地区民俗传统以及习俗演变的重要参照。

管窥现今新洲皮影戏的活态遗存，尽管有像王仁波这样年事已高的“非遗”传承人坚守，但不可否认，它与许多“小微”民间文艺品种一样，在多元文化大环境下日渐式微。伴随大武汉的城市现代化发展，新洲从以前的武汉小郊县跃升成为近年经济崛起的重要远城区之一，从客观上消解了皮影戏在当地传播的固有优势，也降低了当地人对皮影戏的依赖度和青睐度。从艺术层面讲，由于新洲皮影戏在传统剧目表演的停滞化和少有新作的窘境，以及关键表演技艺传承的退化和人才难续等，都成为亟待解决但短期又难以解决的瓶颈，对这个“非遗”项目的系统化、科学化抢救性工作和保护措施尚任重而道远。

（撰稿　宋辉）

传统美术

武汉木雕船模	国家级非物质文化遗产代表性项目
汉绣	国家级非物质文化遗产代表性项目
绿松石雕	湖北省省级非物质文化遗产代表性项目
竹雕（新洲竹雕）	湖北省省级非物质文化遗产代表性项目
武汉黄陂泥塑	湖北省省级非物质文化遗产代表性项目
武汉木雕	湖北省省级非物质文化遗产代表性项目
武汉剪纸	武汉市市级非物质文化遗产代表性项目
小口径瓶内画	武汉市市级非物质文化遗产代表性项目
叶画	武汉市市级非物质文化遗产代表性项目
明式家具微缩技艺	武汉市市级非物质文化遗产代表性项目

国家级非物质文化遗产

武汉木雕船模

武汉木雕船模工艺的历史可追溯到汉代，近代木雕船制作始于宜昌。民国初年，宜昌艺人龙启胜开设小作坊从事木雕船制作，经过五代人的传承发展，逐渐形成独具特点的船模技艺。龙启胜之子龙云华生于 1902 年，自幼聋哑，随父亲习作木家具和各种雕花、梭花和木刻船。1936 年，龙云华于隆中路继承祖父技艺，自设“龙鸿兴玩船厂”，专门制作一些有地方特色的木雕小船。

自川江而下的麻秧子船、歪尾巴船、舵瓮子船，溯江而上的江浙沙船、盐船、乌船，以及过洞庭而泊宜昌的湖南倒把子船、平顶船等民间客舟木船，一一再现于船雕艺人龙云华之手。1939 年，龙云华曾为法国兵船“小钢箭号”及“柏午”“都大”两艘炮舰制作过模型。这些作品传至异域，使得“龙哑巴”扬名海外，求购者接踵而至。1959 年 12 月，龙云华与子龙从发由

扫一扫
观看武汉木雕船模视频

湖北省委奉调武汉市百花工艺雕刻厂，专为北京人民大会堂湖北厅制作摆件“大柏木鼓船”和“端午龙舟”，从此，木雕船模落户武汉。

在祖辈传承的基础上，龙从发结合自己多年的实践经验和创新成果，形成了一套独特的龙氏木雕船模制作工艺体系，包括设计、出料、放样、船体制作、零部件制作、髹漆、装配等主要工艺环节，“镂空精梭”和“精工制模”是全套技艺的精髓，前者将传统的单面梭发展为双面梭和多面梭，要求镂空的花纹清晰匀称且宽度控制在1毫米以内，精细异常；后者要求模型构件的尺寸精确到毫米，用榫卯结构组装，做到拼合一致、衔接无缝，活动的部位又能启动自如。

20世纪七八十年代，武汉木雕船模硕果累累。1978年，“湖北古船”“镇海宝舟”等作品参加全国工艺美术展览会，并被送选到美国、法国、新加坡等国展出，备受赞叹。1986年，“郑和宝船”荣获“中国工艺美术品百花奖”优秀创作设计二等奖，并被荷兰海洋博物馆收藏。1987年，作品“东海龙舟”作为礼品赠送给友好城市杜伊斯堡。1988年，复古战舰“隋代五牙战舰”由中国军事博物馆永久收藏。2008年，木雕船模被列入国家非物质文化遗产名录。龙从发与其子龙勇创作的“龙凤舫”“镇海神舟”“隋代大龙舟”“明代画舫”等相继被浙江舟山博物馆、浙江嘉兴船文化博物馆、武汉船舶职业技术学院和中国艺术研究院等各级机构收藏。

悠悠岁月里，他们用手中的刻刀雕琢出一件件精品；荏苒时光中，他们用手艺人的执着坚守传承这份文化瑰宝。一艘艘巧夺天工的船模，载着古人的悠悠情怀，载着匠人的拳拳之心，舵满帆鼓，正努力驶向越来越广阔的天地。

中 国 工
国家级非物质文化遗产项目木

术 大 师
承人龙从发与长子龙勇共同制作

龙从发，1938年出生，12岁随父学艺，“武汉木雕船模”国家级代表性传承人，中国工艺美术大师。70年来，他继祖源而无束缚，掌握了形神兼备的船模绝技。龙从发所做的木雕船模样式达到100多种，由简洁到繁缛，由质朴到华丽，展现了其在数十年手艺生涯中审美观念和制作技艺演变与提高的过程。

龙从发口述

木雕船模是我家祖传的一个项目，起源于我的祖父，我是第四代传人。木雕船模的历史渊源很长，从远古人们打造独木舟开始，慢慢地进步，一直到今天演变成摆件工艺品。

我的家乡宜昌是长江中游的大码头，四通八达，中华人民共和国成立前很多国家的船舰都到过这里。有一次，一位法国的兵舰舰长到宜昌来参观的时候，看中了我们雕的一条船。我的父亲是聋哑人，被人叫作“龙哑巴”，他做的东西被那个舰长看中了，定制了一艘大的柏木古船。那是1946年的时候，当时我们的价格是一百块大洋，一百块大洋当时是通天的呀。可是我们正在做的时候，我父亲的眼睛突然眼病发作了，这个舰长就把我父亲接到舰上去，让法国的医生帮他动手术，在舰上住了一个星期。父亲回来以后，

龙从发的父亲和师傅龙云华

眼睛清亮了，我们就继续创作。按照和舰长约定的时间，我们提前了几天做了出来。舰长来提货，看到我们做的作品，相当满意。我们还做了一个小船送给他，表示感谢。他非常满意，称赞中国人真的是了不起。

我 12 岁的时候就正式跟着父亲学艺了，开始的时候就是给父亲当下手。那时没有电动的锯盘，都是用手工锯。父亲在上面锯，我就在下面接，还没有独立完成作品的能力。直到 1956 年、1957 年我才出师。1959 年，我与父亲为北京人民大会堂湖北厅制作两件木雕工艺作品，一件是大柏木鼓船，有 80 厘米长；另一件是端午龙舟，有 100 多厘米长，上面还雕有 14 个人物。这也标志着湖北木雕船模工艺首次跻身国家一流民间艺术行列。完成北京人民大会堂的任务以后，父亲和我就想回宜昌，但武汉百花工艺雕刻厂不放人，想把我们留下来。后来，我们在武汉安顿好了后，把家人也全部接了过来。在武汉百花工艺雕刻厂，我们做的木雕船模出口。当时就是去参加广州交易会，将木雕船模销售到国外。直到20世纪七八十年代，我所在的武汉工艺雕刻厂都在大量出口木雕船模，我们的木雕作品也屡获大奖。

1965年父亲去世后，我就接起了木雕船模的接力棒。我把父亲传给我的技艺，又进了一步、变了一步，加深了工艺。20世纪70年代以前，我做的都是航行在长江上的各种民船模型，从那以后到现在，我的作品几乎都是龙船。我后来做的船上慢慢多了一些传统建筑造型，甚至把一些传统亭台楼阁和牌坊都微缩后搬到了船上，做到真实性和艺术性相结合。

龙氏木雕船模结合各种榫卯、跨染和缝合技术，运用圆雕、浮雕、镂空雕等手法，多采用柏木、黄杨木和少量的红木为材料。船模雕刻基本采取三种方式，一个是立体雕，一个是浮雕，一个是镂空雕。船上面的人物是立体的，四周都可以看到，不是只看到一个面看不到背后，这就叫立体雕、圆雕。浮雕就

龙从发复制的北京人民大会堂湖北厅的《端午龙舟》

龙从发复制的北京人民大会堂湖北厅的《大柏木鼓船

龙云华与龙从发父子制作的龙舟和帆船

只看一面，镂空雕就是镂空了的雕法，半立体，看起来比较清楚。我们的木雕船模，镂空精梭是特色，而且是一道很重要的工序。比如说亭台楼阁的门窗、栏杆，包括舵，所有镂空的地方都要用到精梭，因为木雕船模的美就美在它玲珑剔透、精细。我儿子龙勇在这方面又有进一步的创新，他精梭的时候心蛮细，能够精梭到头发丝细的东西，整整齐齐像刀切的一样。这也是木雕船模的一个精粹。木雕船模造型再美，没有镂空，就不精致，就没有看相。

做船是讲究朝代的，哪个朝代是什么样的条件、国家政治经济的发展，我们都要了解。我们自己也有构思，大概做一个什么样的船、做多大、做出来以后达到一个什么样的境界，都要做到心中有数。首先要画图纸，船模的大小、尺寸、比例，

中国工艺美术大师
国家级非物质文化遗产项目木雕船模传承人龙从发与子龙勇制作

都要讲究；第二步要做样板，要把图纸解剖，第一层是什么样的结构，第二层是什么样的结构，都要解剖。解剖后再来做，做了以后再来组装。这就是制作木雕船模时运用的核心技艺——“精工制模”。

我是 1992 年从武汉市工艺雕刻厂退休的，在我的生活中，除了做船，基本上没有其他爱好，所以退休之后，我就在自己家的阳台上继续做木雕船模。因为没有产品限制，就自己创作。2006 年，我被评为“中国工艺美术大师”，2007 年 6 月 6 日，我们国家第一个文化遗产日的时候，湖北省人民政府公布第一批省级非物质文化遗产名录，“武汉木雕船模制作技艺”榜上有名，属于“传统手工技艺”那一类。也在这一年，我受聘担任湖北省第三届工艺美术大师评委。2008 年，“武汉木雕船模制作技艺”被国务院批准并列入为第二批国家级非物质文化遗产名录。2009 年，我被文化部确定为第三批国家级非物质文化遗产项目木雕（武汉木雕船模）代表性传承人。

这几年，国家把各种荣誉都给予了我，这既是对我手艺的褒奖，也是这么多年来对我坚守手艺的肯定。对我个人来说，做手艺本不是为了追求这些荣誉，国家能够重视手艺人我就心满意足了。

2012 年，我和儿子龙勇花了 14 个月心血做了一条“中华巨龙”木雕船模，这条船模长 1.6 米、宽 0.38 米、高 1.05 米，重达 40 余公斤。“中华巨龙”上面我们把整个武汉的景点都搬了上去，显出我们武汉在前进。以黄鹤楼为主，黄鹤楼是我们武汉的一张名片，以它为主；再就是琴台，琴台知音，钟子期和俞伯牙；再就是行吟阁，行吟阁是纪念屈原大夫；再就是归元寺，这些景点的布局、结构、典故，按照比例收缩上去，算下来，这条龙舟上面有

72 间房屋、500 多扇门窗、大大小小 34 条龙、81 个人物。这样一件作品，我跟我的儿子两个人做了一年多。

对我来说，过了 70 岁，还有这么好的晚景，是我么样（方言：怎么样）都没想到的。正因为这样，我才觉得我身上的担子很重，要把这门祖传手艺发扬光大。我还有一个愿望，就是想在自己的有生之年能够完成 100 件作品，做一个专门的展览。以前都是客户订做几件作品，我就做几件，自己基本没有保留，到后来自己手上几乎没有多余的作品，每次参加展览或是搞其他么事（方言，什么）活动都要从别个单位把作品借出。从前几年起，我就有意识地留了一手，每做一个作品，都要做相同的两件，给客户一件，自己留一件。包括那条“中华巨龙”也是如此，不管费多少时间，都要再做一件，不然以后想做也做不了了。通过这样的方式，聚少成多，蛮希望以后能聚齐 100 件不同的作品，为自己，也为龙氏木雕船模技艺做个展览，算是做个总结吧。越到现在，我越感觉自己的时间不够用，一天到晚都觉得时间不够，所以要与时间赛跑！

龙勇口述

龙勇，1968年出生，龙从发之子，武汉木雕船模市级代表性传承人，湖北省工艺美术大师。精通木雕船模的镂空精梭技艺，并将现代科技、现代元素融入木雕船模的创新创作。

我从小是玩船长大的，小时候，经常到父亲厂里去玩，看大人做船。有时候父亲在家里做船，我就在旁边观看，这个时候父亲就会给我讲一些船的历史、船的造型和做船技艺，比如这条船是属于内河船还是属于沿海一带的船，是民船还是官船等。小时候在这种氛围中长大的，多多少少会受到一些潜移默化的影响。

1983年我初中毕业后就在家里慢慢地学着做一些小船，后来，进入湖北省航模队，我和队友做的英国纳尔逊战舰还在国际上获得了银奖。在省航模队搞了年把后，我又进了汉阳钢厂。1987年，我被调到武汉市工艺雕刻厂，正式跟我父亲学手艺。当时是被分配在车间，车间蛮大，几十个学徒都在那里。在车间要天天做活，是计件工资，想要拿工资、多拿钱就要多做，而

且还得做好，再加上父亲对我要求很严厉，并且在车间各个工序都要做，技术就比较全面，下料、锯、刨、雕、镂都蛮擅长，手艺就是这样练出来的。一两年之后我就从青工组调到师傅组，可以独当一面，单独做船了。

到1992年的时候，由于没有适应市场经济的发展，全国的工艺美术行业都不太景气，武汉工艺雕刻厂当时经济效益也不行了，鼓励我们算断，鼓励职工自谋出路。现实的情况下，不得不暂时中断。后来我和父亲去广东一家工艺礼品公司做了几年，1997年回到武汉，自己成立了武汉玉龙雕刻厂，开始尝试自己办企业，还是做出口外贸产品，以西洋船为主。做了几年还是维持不下去，后来为了生活，我又开过餐馆，做过其他生意。

近些年，随着国家对传统文化的重视，武汉木雕船模迎来了新的发展。在国家和地方政府的大力扶持下，2009 年，父亲有了新的工作室，我就跟姐姐龙毅一起加入进来，就这样，我们三人又重新在一起做船了。因为早年在工厂有基础，手艺丢了一段时间后，只要拿起工具就可以蛮快又捡起手艺。2012 年 1 月，武汉市硚口区文化体育局、武汉市非物质文化遗产保护中心硚口分中心在硚口区文化馆举行了一场特殊的收徒仪式——“木雕船模制作技艺”国家级传承人龙从发大师收徒仪式。在这个仪式上，我跟父亲施行拜师礼，正式拜父亲为师，成为我们龙家“木雕船模”的第五代传人。

我学这门手艺差不多有三十多年了，木雕船模历史这么多年，这么多代人，都没有一个完整的、系统的、清晰的船的历史的演变，至少目前还没有一个这样的博物馆去承担，浙江的嘉兴博物馆包括中国军事博物馆，都是模型，没有一个像我们这样工艺船的博物馆。父亲有这样一个愿望，聚齐100件不同的作品，为龙氏木雕船模技艺做个展览。我想去完成这件事，这也是我做木雕船模的目标、我肩上的担子。同时，我也要不断创新，努力做更多的新作品，把木雕船模发扬光大。

专家点评

武汉木雕船模具有民间气息浓郁、形象朴实优美和装饰趣味性强的传统风格。木船作为一种特定的艺术表现形式，种类繁多，造型各异，反映出不同时期、不同地方的木船特点和不同的装饰纹样，讲究造型逼真，精雕细刻。

龙氏一族由最开始的业余做船补贴家用，到后来成立“龙鸿兴玩船厂”并以此为业，再到后来成为“独此一家”的木雕船模老艺人，以及来武汉授徒传艺、制船出口，直至成为我国唯一的木雕船模的国家级工艺美术大师，五代传承的经历映射出龙家这门祖传手艺的顽强生命力。

武汉木雕船模工艺精美考究，刻画细致入微，造型逼真传神，不仅具有观赏价值，而且可借以认识和了解中国舟船的建造技术与结构样式，具有一定的科学研究价值。

国家级非物质文化遗产

汉绣

扫一扫
观看汉绣视频

汉绣是流行于湖北武汉、荆州一带的传统刺绣艺术。据史书记载，始于汉，兴于唐，盛于清。作为古楚之地的武汉地区，为汉绣的发展提供了特殊的地理环境和文化土壤，石首市绣林镇、洪湖市峰口镇一带的绣花堤和汉口的绣花街等皆因刺绣集中而得名。

清嘉庆年间，汉绣初见于江夏（今武昌），次传于夏口（今汉口）。到咸丰年间，汉口便设立了织绣局。光绪年间（1875—1908）汉口万寿宫（今武汉市第七中学）一带有绣货铺 32 家，形成一条远近闻名的“绣花街”，武昌一带甚至有“无女不绣花、无男不驾船”的民谚。

根据《夏口县志》记录，1910 年武昌汉绣品就在南洋赛会获得金奖；1915 年，又在巴拿马国际博览会上再次夺金。这种兴盛景象延续了很长时期，直到 1938 年日军侵占武汉时，将绣花街烧毁，汉绣才日趋凋零。至中华人民共和国成立前夕，仅

存汉口万寿街9家绣花铺还在勉强维持。

汉绣以楚绣为基础，融汇南北绣法之长，逐渐形成以铺、压、织、锁、扣、盘、套为主要针法，平金夹绣为主要表现形式的刺绣艺术体系。汉绣强调“花无正果，热闹为先”，一般从外围起绣，逐层向内走针，直到铺满绣面为止。根据绣品不同的质地和花纹，刺绣时需灵活运用各种针法，做到下针果断，讲究图案边缘的齐整即“齐针”，讲究分层破色的层次感和立体感。

汉绣绣品主要分为四大类：民俗生活用品、宗教文化用品、装饰用品和汉绣戏衣。这种出自民间的特点，也赋予了汉绣独特的艺术表现形式，构思大胆，色彩浓艳，画面丰满，装饰性强，处处流露出楚风汉韵，在中国刺绣园地里自成一格，大放异彩。

任本荣口述

任本荣，1935年出生，“汉绣”省级代表性传承人，湖北省工艺美术大师。出生于汉绣世家的他，12岁拜绣铺老板胡品阶门下，精通汉绣的剪样、画活、配色、刺绣、成装等全套工艺流程，是绣花街上最后一代传人。在汉绣的江湖里，任本荣靠一身功夫赢得了一世之名。任本荣一直致力于汉绣资料的抢救和整理工作，现已整理出2000余件（种）资料，并为香港、澳门回归、“国庆”50周年绣制了三大挂件，与精制汉绣花轿一并被收藏于武汉博物馆。

我生在1935年，老家是黄陂的，因祖父移居青山，我自小生长在青山，所以，实际上我是青山人。我的家族中有蛮多人是做绣花的，受他们的影响，我自小对绣花有所了解，懂得一些规矩。我父亲李绣花（艺名）原先开了个鸭子馆，每天杀鸭子，后来他也改行搞绣花，做“成装”。绣品完成需要经过剪样、画活、配色、刺绣、成装等工序，“成装”是将绣好的花活做成能使用的成品，如桌围、戏服、僧衣、帐幔等，是绣花最后一个工序。因家族渊源，我11岁时（1946年），父亲就带我到绣花街（今汉口统一街）拜师学艺。拜师是有些讲究的。首先是要找两位保人。保人得是绣花街上德高望重的头面人物，学徒出了差池，责任不是由学徒承担，而是由保人负责，有事到行帮去说（当年武汉绣花的行帮在

三曙街有栋房子），由行帮人物来主持公道。然后是试学。试学期为三个月，师傅看中了，才能“请师”，即正式拜师入门。我学了两个月，因年纪小，受不了那个苦，跑回了家。在青山读了一年私塾，第二年，家里再次送我到绣花街学艺。这回年龄大些，懂事了，干活的苦和累也能忍受，因此坚持下来。

老汉口的绣花街是个园林建筑，长约 500 米。它不是贯通的长街，而是一个相对封闭的绣花场所，一色的两层木质小楼，下层店铺、上层阁楼。绣花街南抵大兴路，西邻黄白里，北至万寿街，与恢宏大气、金碧辉煌的江西会馆万寿宫为邻，面积千余平方米。绣花街里头开设了众多手工刺绣绣坊、绣铺，鼎盛时达 32 家。街的南北两头还建有园门。为了让我学到一技之长，父亲给我选的是绣花街上最大的门店，叫“胡源利”绣货铺，我拜少东家胡良弼为师。老东家胡品阶是师爷，我叫师爷“爹爹”。师傅管店铺经营，爹爹管绣品制作。爹爹觉得我聪明、听话，蛮喜欢我，虽然辈分是师爷，但传授技术的主要还是他老人家。三个月期满，师父答应收我为徒，就行了“请师”礼。我父亲在大兴酒楼接了四桌客，把绣花街每家店铺的当家人都请来喝酒，告诉大家“胡源利”绣货铺收了我这个徒弟，以获大家认可。学徒的第一年，爹爹教我学刺绣。刺绣是绣花的基本功，通过学习，可以学习掌握汉绣的各种针法，揣摩把握绣品色彩的变化。第二年开始学画工。汉绣讲究的是色彩浓艳、构思大胆、手法夸张、绣工精细，其工艺流程最关键的就是画工。过去汉绣的画工不是在纸上先打个底稿，而是在面料上实画。画得不好就浪费面料，所以要求技术得非常过硬。不能随手画，所以画前就要构思，下笔时需要讲究部位、规矩、寓意。画图除了突出画面的表现力，还要考虑用工问题。工大了，绣工反感，会骂你“烂手爪子”。

我在汉绣方面还有些灵气，领会深，爹爹、师父都喜欢，后来放手交我做，给了我锻炼机会，我成长就比较快。学徒三年期满，又办了谢师宴，算是出师了。学徒期是没工钱的，出师后按规矩还要帮师一年，这一年也没工钱，但师父一般会给些零花钱，给多少是随意的，无一定之规。因为与师父家的关系好，出师后我也没走，前后共跟了 9 年，一直到 1956 年的合作化运动，我进了武汉市第一刺绣工艺合作社，才离开师父家。

1957 年，单位派我到中央美术学院进修，在校学习期间，我有幸认识了著名作家沈从文。沈从文时任北京故宫博物院研究员，他是被学校请去给我们讲课的，讲的课程是中国古代服饰。后来沈从文还整理教案，出版了《中国古代服饰研究》这本专著。沈从文的授课与我的专业对路，我在课间的提问也与与沈从文合拍。我画的画也请他看了，沈从文给予了高度评价，并说，这样的画故宫蛮多，叫我抽时间到故宫观摩学习。于是，在一个空闲的日子里，我应邀来到故宫博物院，在沈从文的带领下，看到了一大房子的汉绣，都堆在地上，这些绣品有明代的，也有清代的，但以清代居多，都是汉口绣花街的东西。

此后，只要学业稍有闲暇，我就跑到故宫找沈从文，然后用拷贝纸对照汉绣的绣品临摹。在北京学习一年半的时间里，我从故宫临摹了四五百张汉绣画稿，临摹的都是明清时期的汉绣珍品，可惜画稿在“文革”时期被烧掉了。

我平生只做了一件事，那就是做汉绣。即便是“文革”时期在武汉制焦炼油厂上班，下班回家仍是一个人埋头琢磨汉绣技术，从未间断。因为设计服装，与很多名角、大师结有很深的情缘。

原汉阳归元寺主持昌明法师是著名的佛教界高僧。20 世纪 70 年代末，昌明法师因做法事之需，请我为他做袈裟。我给他绣了一套，他很满意，又请我为归元寺做水陆法会绣品。先做了几条桌围，有双龙、双狮、牡丹等，他看中后，我又绣了龙帐、佛像水陆画、水陆幡及三大和尚、七大经师的僧袍等全套用品，做了几年才完工。对这些绣活，归元寺很看重，一般不轻易拿出来用，记忆中只在 1996 年做大型水陆法会时用过一次。

袁世海是著名京剧表演艺术家，他塑造的曹操、鸠山等人物形象在全国深有影响。1975 年，湖北京剧团为了教学，排了个节目，叫“草

船借箭”，讲的是东汉末年魏、蜀、吴三国争霸的故事，为此特意到中国京剧院请了袁世海来演曹操。湖北从没排过这戏，因此要专门做服装，于是找到了我。袁世海身材魁梧，表演时功架丰满、台步豪放，因此，我设计时戏服上绣的是虎跃龙蟠，极有气势。戏衣的料子也略为放宽，以便袁世海更好地表现出曹操的豪迈之态。

1978 年，著名汉剧表演艺术家陈伯华准备到香港演出，请我做戏服。当时我住汉口长堤街，为了做好行头，陈伯华多次来我家商量戏服的设计。陈伯华艺名"筱牡丹花"，学的是梅派唱腔，扮相讲究的是雍容华贵，我在设计时，绣活以牡丹花为主，考虑到她个子矮小、又是塌肩膀，因而在图案布局上尽量按她的身形来摆布。因她台风大气，娇、俏，因而我把服装的腰收得较窄。衣服做好后，陈伯华非常满意。

100年前，汉绣便与苏绣、湘绣、粤绣、蜀绣等一起并称中国十大名绣，但此后汉绣日渐式微。为了汉绣的传承，我下了不少功夫，留存各种针法、图案。因为家族是做绣花的，我家原有一些明朝、清朝的东西，我又到故宫临摹了几百张画稿。但是"文革"时清查了三次，这些东西都搞没了。三次清查中，第一次是自查，第二次是单位清查，第三次是社会清查。尤其是第三次，我当时住汉口统一街，那天是抄家，抄了个底朝天，老的画稿、精致的样品一下子搞没了。抄出的东西集中在人民中学烧，烧完后居委会要我去清场。那天我垂头丧气，拖着个大扫把去扫灰。到场子一看，大灰堆还在冒烟，画稿、衣服全都烧成了灰。因一生痴迷汉绣，我不死心，把灰堆扒拉开，发现丝绸衣服是烧没

了，但有些绣花的图案仍在（金丝银线密密层层，一时没烧透），我偷偷地捡了几个，放在中山装上衣的口袋中带回了家，挨了老婆一顿骂。我现在把这几个劫后余生的图案用纸托着，留给后人。

汉绣的主打针法是齐针，通常采用铺、平、织、间、压、缆、掺、盘、套、垫、扣的针法，以“平金夹绣”为主要表现形式，常用针法共有50多种。为了让汉绣技艺保留下来，我和我女儿、徒弟对每种针法及其变化、经典图案、色调搭配方式、分层破色处理方法等汉绣的技巧都画了样图、描了花样，整理了资料2000多份、实物500多件。我还整理了汉剧十大行当400多张戏服图样，以供后人研究、参考。

2008年，“汉绣”入选第二批国家级非物质文化遗产名录，这让我非常振奋。2011年，我在家人的支持下，筹资30万元在汉阳江欣苑社区开办了汉绣研究院，带领女儿任炜、外甥女王炜佳和10多位徒弟开展汉绣制作研究。研究院除创作汉绣作品、制作汉绣针法图样外，也经常举办汉绣工艺培训班，免费培训学员。我也积极支持江欣苑社区开办汉绣博物馆，提供了轿围等多件绣品供展出。自2013年开馆以来，该馆参观人数超过数十万人，深受广大市民欢迎。

汉绣源于荆州的江陵，后流传到武汉，现在武汉、荆州、洪湖都有汉绣的传人。由于苏绣、湘绣、蜀绣等绣法的影响力较大，国外的十字绣因简单易学而流传亦广，汉绣面临着严重的生存危机。为了保持汉绣的独有特性，作为汉口绣花街的嫡传弟子，我考虑制订一套标准，提出汉绣的基本要求。我的想法得到了家人和省、市质量技术监督局的支持。在大家共同努力下，2014年，以我为主要起草人的《汉绣》标准正式发布，成为省级地方标准。

我现在80多岁了，看到汉绣被列入国家级非物质文化遗产项目受到保护，看到汉绣任氏一脉后继有人，感到非常欣慰。

姜成国口述

姜成国，1955 年出生，“汉绣”市级代表性传承人。原武汉市戏剧用品厂职工，早年曾参与武汉地区汉剧、京剧传统戏剧服装的设计和制作。自个人创办工作室后，坚持汉绣的设计和制作，十多年来，承接了湖北省及武汉市各类剧团的戏剧服装、舞台装饰用品的设计制作，并带领一部分老艺人延续汉绣戏剧服装及相关产品生产。

汉绣技艺最早起源在湖北的荆州，随着岁月的流逝，从荆州逐步沿着汉水流域，慢慢地流传到长江中下游地区。汉口是整个汉江流域最大的一个码头，汉绣这个艺术门类就在码头文化中慢慢地传播开来了。

清末、民国初年，因为当时洪湖和武汉同时都在跟朝廷做服装、服饰贸易，所以汉绣发展的势头相当火爆。这期间，汉绣的发展趋势日益扩大，不仅在高层领域，而且进入人们的生活当中。比方说婚丧嫁娶这一块，婚丧嫁娶时需要嫁衣，需要绣鞋，需要饰品。不仅是服装，还有家庭里面的被面、门帘等，所以当时汉绣的几类

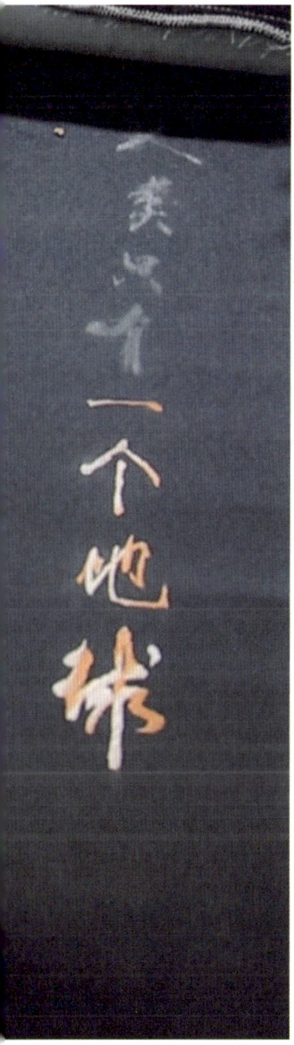

产品在整个中原地区的发展非常广阔。

抗战爆发之后，湖北的民间艺人为了谋生，纷纷地逃难，整个汉绣遭到了毁灭性的打击。中华人民共和国成立以后，国家实行公私合营，把一些民间的艺人组织起来，建立了一个工厂，就是武汉戏剧用品厂，汉绣文化从此在武汉戏剧用品厂里面慢慢地存续到现在。

1974 年，我从武汉市第二轻工业局技工学校戏剧班毕业，分配到武汉市戏剧用品厂设计室，起初学习设计，后来到车间实习的过程当中接触到绣花，慢慢地和汉绣结缘，一干就是 46 年，到现在。我跟着任本荣先生学习了 15 年，学了很多的传统技法和表现形式。

离开工厂单独创业后，我就本着两条：第一，沿着汉绣的根本走下去，保持、巩固汉绣的技艺，完成汉绣的业绩；第二就是在恢复原来老产品以外，要注重创新。

我们做的汉绣，是在保持传统文化的基础上产生的。传统文化就必定离不开手工，而手工对于现代社会来讲，成本是比较高的；成本一高，人们的共享能力就差一些，有的人也许会买，有的人也许就不愿意买，这就造成汉绣发展中的一个困惑。

我们正在尝试通过艺人的手，跟机器的手相互交融，再用机器的手来打造我们的作品，这能把我们的成本减轻一部分，希望将来走向市场会是一种突破。

“非遗”应该创新，但创新必须守住“本真”。我们传承汉绣就要把传统文化和现代文化结合起来，还要把汉绣的文化和西方文化结合起来，比如西班牙风格、法式风格、欧式风格，将这些风格的图案和中国的图案嫁接。我觉得未来我们在一带一路这方面应该会有很大的突破。

王燕口述

王燕，1967 年出生，“汉绣”市级项目代表性传承人。从小跟随母亲学习刺绣，后在汉绣大师黄圣辉、胡绍珍的指导下学习汉绣，绣制的传统图案“二龙戏珠”“龙凤呈祥”“凤戏牡丹”等有较高的艺术观赏性。

我结识汉绣，是因为我生长在这样一个环境里，我妈妈是做绣品的，我师父也是做这个的，我师父当时是六角亭街的绣花厂厂长。因为我爸是长航的，所以我们居住在六角亭的一个长航社区。

我们现在看到的这两双鞋，风格是不一样的，一个有铃铛，水滴形的，虎虎生威，代表着威猛；后面有铃铛，一走就会响；这个是圆形的眼睛，非常可爱，代表着小孩的生动活泼灵巧。还有这个，也是小孩子穿的、软底的鞋，非常舒服。这个是早期一点的，我的奶奶她们做的，这个是我师父她们做的，我妈妈她们做的就晚一点点，这个和这个是我妈妈她们做的。你可以看到，都有时代的烙印，但是它们的风格如同是一个人的手做出来的。我们还有一个传统的老的绣片，是奶奶她们当初做的一个枕头套，是一对。一看就非

常有汉绣的地域性特点和风采，用色也在这个上面。还有戏服，我们做的一个服装上的构件，是一个八卦图，你看它全都是满绣，虽然过了这么久时间，但是它的色彩，包括丝线的质感都还在，这个绣品也有三四十年了。

我们生活的地方是楚国的地界，楚文化的东西非常多，所以我们要植根于本民族和本地域的特点，去做我们的作品。汉绣这块，我们在重色重彩这一块用得比较多。我们绣的时候，黑色用得比较多，黑色搭红的、咖啡的、藏青的，越深的颜色我们越敢用。织线的配色上面，我们撞色比较多，大红大绿我们都敢用。我们在用色上面分上午色和下午色。在针法上面，其实汉绣有很多针法，

但是我们总用的就那几种针法，比如齐平针、掺针。汉绣的掺针跟其他的掺针有点不一样，掺针的标准比较严格，还有游针、滚针、达子。每个地方都在用达子针，但是我们用的时候怎么看它的汉绣特点呢，一个是图案，再一个就是色彩。在我们的用色习惯上面，有我们本地的标准，比如我们在绣楚风的时候，我们会找唐代、宋代的为蓝本，来进行创作。在学习的过程中，我曾经看到过一个老的绣片是敦煌的，到现在至少有一千多年了，我看到之后感觉，在戏曲服装上面，包括色彩、图案，都延续下来了。汉绣能够独树一帜，有地方特点，有些东西是变了的，但有些东西还是保留原来的。

我们当下怎么让它用古老的东西来表现我们现代的审美和现在的立意？我们在2014年的时候创作了一幅作品，叫作《四美图》，我们用了汉绣特有的色彩，重色重彩，我们尽量在上面表现我们常用的针法，但是我们的构图又比较现代，用的西方线条形的构图。这就是说我们在保留了传统文化的同时，也与时俱进，那是我们的一个尝试性的作品，让现代的人能够接受。

《红楼梦》大家都知道，当时播放这部电视剧的时候，万人空巷，里面服装的制作量是非常大的。我们那个年代有一个戏剧服装厂，承接了《红楼梦》里面部分服装的绣制。我们六角亭社区是为服装厂服务的，属于外包单位，当时承接了《红楼梦》部分服装的制作、刺绣。我们拿到服装的时候，还看到主角的名字，电视剧播放的时候，我们可以在电视剧里面主角的身上，看见我们做的服装。当时我们还是蛮兴奋的，因为通过自己的手亲自绣制的作品，最后呈现在演员的身上，有一种中了大奖的感觉。那个时候绣娘中挺多挺优秀的。我们不光承接了《红楼梦》一部戏，我记得我们当时还接了一个《李闯王》的戏。我绣过闯王的旗子，一个大大的“闯”字，满盘金的，非常漂亮。

有一段时间知识青年返城，我们厂好像比较特殊，男孩子比较好找工作，那女青年怎么办呢，回来之后一时半会消化不了。因为我们社区绣花嘛，女孩子回来之后面临着结婚、出嫁，所以她们就在家里面通过绣花来挣自己的嫁妆。她们绣花的收入是丰厚的，从我们社区嫁出去的女孩，嫁妆非常丰厚。当时嫁妆的丰厚程度，决定了在婆家的地位。过去我妈妈她们刺绣一直都是养家糊口的手段，是谋生的技艺，现在国家把非物质文化遗产提得很高，把我们评为了传承人，我们通过这项技艺，不光赢得了荣誉，还可以通过它创造财富。我绣那个《凤戏牡丹》，是一幅传统的图案，最少也有大几百年的历史，不同绣种有的细腻，有的粗犷，有的色彩艳丽，有的色彩淡雅，但是我做出了自己的风格。我把汉绣现在用得比较多的龙鳞蹦针，用在了凤凰的身体上面，凤尾做出来以后是有真实羽毛的感觉。汉绣的滚针和

游针这两种针法之间，我自己稍微有一点点变动，把尾巴做出了相当逼真的感觉。我在看电视剧《花千骨》的时候，做了一部绣品叫《红颜》，因为有的东西东西方文化不一样，我们认为不太好的东西，西方文化认为它是吉祥的，所以有一些碰撞。我们也在尝试性地做一些改革的东西。我们学汉绣没有门槛，只要视力正常，手没有残缺，都没有问题，学的时候大家只要能把心静下来就可以了。

好多人说什么针法是我们自己发明的，是我们创造的，其实我们可以看一些出土的文物，老的针法在唐宋时已经固定下来了，有的针法用着用着慢慢就淡出了人们的视线。现在通过对作品的理解，我们又把那种针法重新演绎出来了，大家会认为是一种新的针法，其实追根溯源的话，都是在原有基础上慢慢找出来的。一是表现形式，还有就是每个绣娘在做每一幅作品的时候，就会想用什么针法去体现对这幅作品的理解，有的针法可能大家觉得做这个不好看，但是我们现在觉得越淳朴的东西越好看，有的针法表现的可能是朴实的，有的表现的华丽一些，就是组合的方式不一样。

《凤戏牡丹》就是用立体的龙鳞蹦针，有一幅龙的上面用得比较多。龙鳞蹦针我们一般用得多的就是在龙身上、鱼鳞上，但是我创造性地把它用到了凤凰身上，因为我们是在一个平面的织物上面，通过技术手法、刺绣技巧，体现有突起的质感。因为是用金线，金线是有反光的，通过不同的角度、不同的光影，呈现了一种光影流动的感觉，看起来活灵活现。

专家点评

楚风楚韵丝缕间，“汉绣”是荆楚武汉地道的民间工艺非物质文化遗产。2008年6月7日，经国务院批准，“汉绣”被列入国家级第二批非物质文化遗产名录。作为我国传统刺绣工艺之一，“汉绣”以楚绣为基础，融会南北诸家绣法之长，糅合出富有鲜明地方特色的新绣法，在绣业中独树一帜。2013年8月28日，“汉绣”地理标志证明商标获国家商标局核准注册，成为湖北省首例非遗类地理标志证明商标，也成为江城武汉一张靓丽的文化名片。

谈起汉绣，人们不禁会想起汉绣非遗传承人任本荣老人。他出身于汉绣世家，12岁拜胡品阶门下学习汉绣，精通汉绣的剪样、画活、配色、刺绣、成装等全套工艺流程。他还是唯一精通汉绣50种针法的传人。一幅幅色彩浓艳、构思大胆、手法夸张、绣工精细，充满楚风楚韵、工艺精湛的汉绣精品都出自这位老人之手。虽然年逾古稀，但他一直坚守千年汉绣传统古法，传承着汉绣的本真，其匠心独运的精神被世人敬仰。他说：“我会一直按着汉绣传统刺绣法做下去。”

这种执着与坚守，印证了老人对汉绣传承与发扬的追求之心！在政府的引导下，许多汉绣传承人纷纷加入“汉绣”刺绣技艺的传承活动中，这无疑对推进汉绣传承传播具有不可估量作用。

（撰写　商世民　韦艳芳）

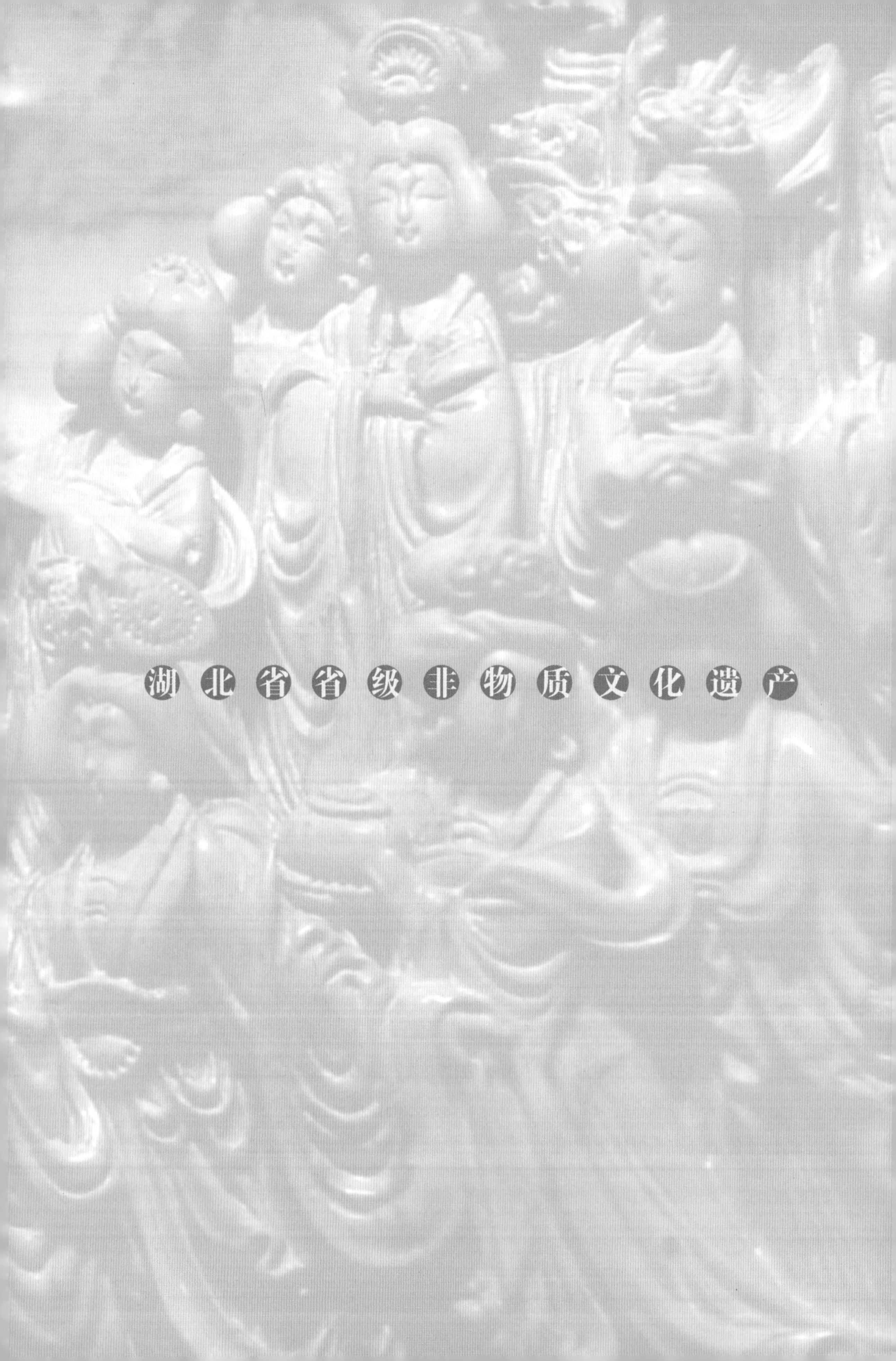

湖北省省级非物质文化遗产

绿松石雕

扫一扫
观看绿松石雕视频

绿松石，又称“松石”，因其“形似松球，色近松绿”而得名。作为一种优质玉材，在中国清代以前，绿松石又被称为“甸子”。其色泽淡雅绚丽，是深受古今中外人士喜爱的传统玉石。绿松石雕刻是指天然绿松石经艺术加工而成为玉雕工艺美术品，绿松石雕刻技艺是种类繁多的玉石雕刻中的一种。

远在4000年前，我国妇女佩戴的装饰中，就有了用绿松石制成的坠子和耳环。在商代的铜器、漆器花纹中，嵌有绿松石。唐代文成公主进藏时，随身携带大量绿松石饰物，用以装饰西藏拉萨著名的大昭寺。

湖北绿松石雕结合绿松石体态活泼、软硬度不同、颜色艳丽等特点，设计创造出多种人物形象及风景、故事等著名作品。在雕刻技法上结合了我国大江南北玉雕的风格，下刀干净利落，清晰简练，线条纤细入微，在造型结构上讲究饱满、完整，生动而新颖。

说起绿松石雕作品《佛光普照》，很多业内人士和收藏家都不陌生，它的作者就是国家工艺美术大师、湖北省绿松石雕非物质文化遗产传承人袁嘉骐。

在多年的艺术创作实践中，袁嘉骐在继承传统艺术的基础上大胆创新，逐渐形成了自己的琢玉风格。他的大作气势恢宏，刀斧酣畅，突破一般玉雕面面俱到的章法，巧妙凸显玉石原石之美，配以名言诗句，形成格调高雅的诗话意境。他的小品则构思精巧，精工细琢，突出艺术的灵性。他赋予玉石以生命，向人们展示出一个神奇的、美轮美奂的艺术境界。

谦谦君子，温润如玉。四十多年的玉雕生涯，袁嘉骐获奖无数。他不仅是对一件件精品打磨，也是对人生不断打磨。最近几年，袁嘉骐一直致力于在高校推广玉雕专业，希望绿松石雕这门传统工艺可以跟美术理论知识进行深入的融合，从而得到更好的传承和发展。

袁嘉骐口述

袁嘉骐，“绿松石雕”省级代表性传承人，中国工艺美术大师，中国玉石雕刻大师。代表作品《佛光普照》《大爱如天歌》《武当朝圣图》《日出而作》等。他的作品气势恢宏，刀斧酣畅，突破一般玉雕面面俱到的章法，巧妙凸显玉石原石之美，并综合了诗、书、画、印、文学等元素融入玉器，用大美学提升玉器的艺术品位。

我进入玉雕行业可以说是很偶然的。我是69届知青，回城时正好遇上湖北工艺美术厂建厂，就被招工进厂，成了厂子的第一批工人。20世纪70年代正是国家工艺美术品出口的黄金时期，我进厂学了几年，1978年就被派到北京学习深造，拜中国著名玉雕大师王树森、王得龄学艺。恢复高考之后，我又考上了湖北美院，师从著名雕塑家刘政德教授学习雕塑。

在工厂里几年的学徒生涯对我来说是一段宝贵的经历，当时做学徒还是很苦的，识料，剖料，因材施艺，设计，再到制作、抛光，整个工艺流程有几十道工序，挑战了很多传统工艺的极限。

玉雕行业分北派跟南派。北派作品端庄、大气，作品摊子大，人物也大一些，以人物为主。南派作品娟秀、灵动，人物造型跟山水融合。我在湖北，属于中间派，跟南北都不搭界，但主要还是以北派为主，因为我的师父是北派。但是在传承师父的基础上，我又把南派那种俊秀的手法融合进来，所以我的作品，人家一看就是袁嘉骐雕的人物造型，有自己独特的风格。

在诸多艺术领域里，也许玉雕是最具风险的一个行业。首先是识玉，凡玉都有皮璞，许多美玉在未去皮之前，就像一块极普通的石头。识得美玉之后，紧接着是设计，根据玉的大小、形状、色彩设计图形，这是最劳心血的过程。然后是琢玉，这是体力和智力的结合，更有意志和运气的巧合，如果琢过了，琢多了，琢裂了，就再也无法补救。

我的玉雕作品《佛光普照》，很多业内人士和藏家都不陌生。其实雕刻的过程一波三折。最初我设计的是洞天福地，玉块很漂亮，一个释迦牟尼像，我在开脸的时候还说这么重要的位置，一定要是最好的玉。结果做的过程中出现小黑点，不停地出现小黑点，我就不停地改，那块原料推了三分之二的距离，还剩三分之一，很悬了，好在后来那块料终于没有黑点，很好了，层次也多了，构图也完美了。做完脸以后开始做佛光。雕佛光的时候，出现真正玉上面的火焰，当时我跟我爱人就惊喜，怎么会那么神奇，和田玉里面不可能出现的一个半圆形的红，一个正圆形的黄，就在佛光后面。因为开脸耽误了很多时间，所以后面的工作我的学生给我当助手，我做主要的，他做次要的。有一天我出去办事，他做次要的东西，结果把佛光破坏掉了，他觉得那个黄玉不平，就把它抹平，抹平以后里面又出现黑，又出现红。我回来以后气坏了。我晚上就没回家，坐在工作室发呆，拿灯光照，发现还有红玉在里面，我就一点点往里面雕，又雕了一个多星期，把里面全部红的都雕出来了，正好雕出来又是正圆的红玉，真是不可思议。

我的玉雕作品题材涉及中国传统的神话故事、佛教经典、诗词歌赋比较多。做玉雕，还是需要有文化底蕴的，一个手艺人，手艺再精致，也就是一件工艺品。玉是一个载体，首先肯定是要看原料的好坏，拿到原料以后，要思考如何设计、怎么把艺术美跟自然美巧妙地结合在一起。如果设计不到位，工艺再好也做不出好作品。第三就是工艺的精细程度，通过工艺制作，惟妙惟肖地把玉的精髓展现出来。每次碰到好的玉料，都会产生一种莫名的心动。在创作每一件作品时我都会小心翼翼，尽量充分利用玉石的天然形态，主题上追求丰富多样，不拘一格。

玉雕作品工序繁杂，创作雕琢的过程其实是漫长而枯燥的，一件作品的完成少则一周，大型的则要三到五年，甚至更久。这么多年，我的右手因为总要握着琢玉的电磨机，多年劳损，右手食指的第一个关节反弓成九十度，但是我爱这一行。我那个时候做玉雕，人家都说我像玉痴一样，投入进去了总会迸发出一些灵感。

当代做玉雕，一定要留下当代玉雕的风格，记录下当代的文化历史、跟学生讲课我也说，做艺术创作其实都是相通的，只有把自己印象最深、最感人的记忆记录下来、表现出来，才最真实、最感人。我做的《月满醉秋山》就是我在农村生活的体验。还有《春色曲》《麦收时节》，我觉得我起码把农村生活的这段记忆保留下来了。

现在美术教育那么先进，单纯的师徒传承我觉得已经不能满足时代发展的需要了，也不能满足文化传承的需要。所以我从2013年开始在武汉三所大学里推动本科玉雕班，像武昌理工学院今年已经是第四届玉雕班了，也是全国首例在大学开玉雕班。希望有更多的年轻人走入玉雕行业，也希望玉雕这门手艺可以跟美术理论知识进行深入的融合，从而得到更好的传承和发展。

专家点评

悠悠历史长河，汇聚先人智慧。玉雕是中国最古老的雕刻工艺之一，其技艺独到，有白玉雕、碧玉雕、水晶雕、玛瑙雕、珊瑚雕、翡翠雕、绿松石雕等不同玉料的雕刻工艺。民间艺人们根据不同玉料的天然颜色和自然形状，精心设计、反复琢磨，将玉石雕制成美轮美奂的工艺精品。“玉必有工、工必有意、意必吉祥”是对中国玉雕最完美的写照。绿松石雕是中国传统玉雕工艺中的一种。《淮南子·览冥训》中记载“女娲炼五色石以补苍天”，这里所指的“五色石”，就是“绿松石”。历代出土文物中都有绿松石雕的工艺品。绿松石是中国“四大名玉”之一，有“东方绿宝石”之称，因“形似松球，色近松绿”而得名。

“谦谦君子，温润如玉”，这是许多媒体对袁嘉骐的素描写真。1954 年他出生于书香门第，20 世纪 70 年代拜著名艺人王树森、王德龄为师，学习琢玉技艺，现为湖北省绿松石雕非物质文化遗产传承人。袁嘉骐的绿松石雕气势恢宏，刀斧酣畅，突破一般玉雕面面俱到的章法，巧妙凸显玉石原石之美，配以名言诗句，形成格调高雅的诗画意境；其小品则构思精巧、精工细琢，突出艺术灵性。他对玉雕四十载的痴迷执着，终于让“五色石”书写出嘉琪玉雕传奇。

（撰写　商世民　彭琳）

湖北省省级非物质文化遗产

竹雕（新洲竹雕）

扫一扫
观看新洲竹雕视频

竹雕也称竹刻，是在竹制的器物上雕刻多种装饰图案和文字，或用竹根雕刻成各种陈设摆件。竹雕自六朝始，直至唐代才逐渐为人们认识，并受到喜爱。竹雕早期通常是将宫室、人物、山水、花鸟等纹饰，刻在器物之上。

在历代文人雅士眼中，竹、木、牙、角四种传统雕刻工艺中，竹雕排在首位，也是最难的，其下刀常在指发之隙、倏忽之间，每一刀的力道与分寸皆可谓牵一发而动全身，若说作画者是成竹在胸，那么竹刻则应当是成画在心。

目前存世的竹雕作品很少，所见的多为明清两代的传世品。明代的竹雕风格大多浑厚质朴，构图饱满，刀工深峻，而且线条刚劲有力，图案纹饰布满器身。清代前期的竹雕制品带有明代的遗风，但表现技法更为丰富多样，浅刻、浅浮雕的技法并用。雕刻作品有的雕刻简练、古朴大方，有的精工细作、纹饰繁密、变幻无穷，雕刻的方法主要有阴线、阳刻，圆雕、透雕，深浅浮雕或高浮雕等。2013 年 10 月 22 日，经湖北省人民政府批准，竹雕（新洲竹雕）被列入湖北省第四批省级非物质文化遗产名录。

徐海清口述

徐海清，1969 年生，“竹雕（新洲竹雕）”省级代表性传承人，湖北省工艺美术大师。其祖上五代均为木工手艺人，耳濡目染，少时便对画画、雕刻产生浓厚兴趣。20 世纪 90 年代，徐海清开始涉足竹雕，其竹雕作品具有明清时期的雕刻风格，在线条的深浅，粗细、浓淡，流动、飞扬等处理上均恰到好处。其代表作品有《麻袋硕眼》《竹林贤》《九凤朝阳》《西园雅集》《普天和谐》《探春》等。

竹雕在中国历史上是发展比较早的，过去用的竹简，就是把竹子做成简片，在上面书写文字，后来发展到雕刻，以前主要是阴刻。从六朝开始，就有竹雕这种器物。

新洲竹雕是我们徐氏家族祖传的技艺。我的祖辈是做木匠的，牵涉很多雕刻。我 12 岁的时候因为家里条件不好，就跟随新洲皮影世家郭亚飞唱皮影戏。皮影戏需要画也需要雕，八年学徒期间，我练就了画、雕、打、唱、提等绝活，也积累了一些人文知识，为以后的雕刻创作打下了基础。

我以前也是搞木雕这一块，后来喜欢上竹雕，是因为竹子的气节比较高，是梅、兰、竹、菊四君子之一，我的性格里，推崇这个。所以我是在木雕的基础上，开始创作竹雕的，也把木雕

和竹雕的雕刻技法，比如说浮雕、阴刻、凸雕、镂空雕等，融为一体。

进行竹雕创作第一步是选材，生长三到五年的竹子，是最适合竹雕的。竹子老了，容易发裂。选竹林里阳向靠北方的竹子比较好，因为它耐寒，不怕风。选材之后进行构思，在竹子上面构图，构图了再雕刻，雕出来再进行打磨、保养上光，基本上就完成了。

竹子皮和甘蔗皮一样，是直纹的，没有横纹，而且竹子的

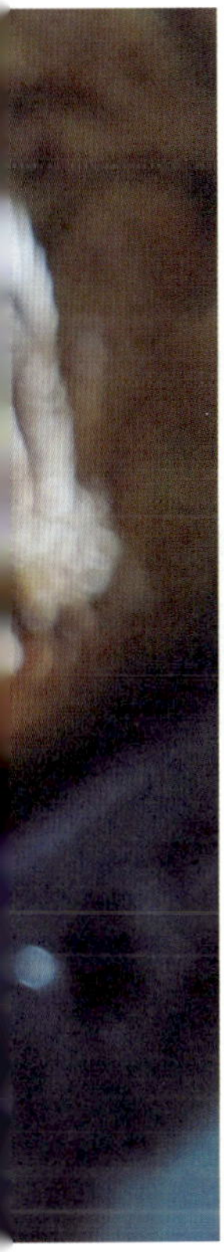

表面相当硬，不好下刀，竹子的表面又相当光滑，刀子杀不进去。从事竹雕这个行当，首先要有体力，没有劲，是搞不动这个东西的。第二，搞竹雕还要耐得住寂寞，要坐得住，十天半月不出门，好像经历一种禅定、一种修为。

我搞竹雕有三十多年了，我的竹雕作品有的反映的是我的亲身经历，有的是我故乡的影子，有的是我对美好生活的向往与憧憬。雕刻作品里的手作痕迹，往往是最能表达作者意志个性的东西，而雕刻作品的巧思妙计是最需要功法的，在中空的竹筒身上留下厚薄深浅、浓淡疏密的神韵，就要雕刻者把刀法与自己的书画造诣合而为一。哪怕仅仅是一个图案，它实际上传达的是当时我的一种生活状态，苦也好，乐也好，掺杂着当时我个人的思想。

经常有人问我，你这个东西值多少钱，我说不是钱的问题，我是在传承文化，在坚守传统。专门去为钱，钱不会来的，但是修为到了，作品的功夫到了，你是绝品，就会有人找你。

2016年1月9日，我和湖北生态工程职业技术学院共同筹建了一个工艺美术馆，在那里搞了一个非遗传承基地，开设了竹雕、剪纸、皮影戏等众多艺术课程，学生们都蛮喜欢。但是我对学徒有要求，学习竹雕的人首先德行要好，因为竹子是君子嘛，没有君子的胸怀，就不要搞竹子了。

艺术来源于生活，终究还是要回归生活，我希望我的每件作品能对得起竹子承载的中华文化精髓，这也是我追求的竹雕之道。

专家点评

中国是世界上最早使用竹制品的国家，从古至今，竹雕深受文人雅士及收藏者的青睐。竹雕也称竹刻，是在竹制器物上雕刻多种装饰图案和文字。赵汝珍在《古玩指南·竹刻》中言简意赅地道出竹雕之精髓：“竹刻者，刻竹也。其作品与书画同，不过以刀代笔，以竹为纸耳。”竹雕在中国工艺美术史上独树一帜，是中华民族宝贵的艺术财富。竹雕形式丰富，除了圆雕、浮雕等不同表现形式之外，还引申出留青、贴黄、镶嵌等工艺。竹子结实竿挺，虚中洁外，外表油润，色泽近琥珀，且具有浑厚坚韧的特性，被认为是祥瑞之物。

2013 年 10 月 22 日，武汉“新洲竹雕”被列为省级第四批非物质文化遗产名录。作为“新洲竹雕”非物质文化遗产传承人，徐海清痴迷于竹雕。徐海清在竹雕斫制的道路上年复一年、日复一日执着坚守，让他渐渐领悟到，要突破艺术创作的瓶颈，就要改变创作的动机，而这种创作动机，一定是与自己的学养、欣赏趣味密不可分的。“艺以载道”，让每件作品对得起竹子承载的中华文化的精髓，正是徐海清苦苦追求的竹雕之道。在徐海清看来，竹雕的传承和发扬是一种信念和使命，也是一种热爱。不论是观赏在案头，还是把玩在手中，竹雕不只是一个物件，更是一份生动美妙的雅趣。在这美妙的雅趣中饱含着时光的沉淀、匠人的心性和自然的馈赠。

（撰写　商世民　赵杰斐）

湖北省省级非物质文化遗产

武汉黄陂泥塑

扫一扫
观看武汉黄陂泥塑视频

黄陂泥塑是以泥巴为主要原材料，以农民为主体，社会各界广泛参与的群众性传统美术雕塑活动。

据史料记载，从隋朝开始，黄陂李集、泡桐一带寺、庙、观、庵，星罗棋布，供奉的尊神数以万计。这些神像中的绝大多数为泥塑而成，造就了大批泥塑艺人。清末，逐步发展到塑制生活中的人物和动物等。汉阳归元寺罗汉堂的五百罗汉和湖北武当山、木兰山、河南鸡公山、洛阳白马寺的神像、佛像都是泥塑的代表作品，至今已有 1400 余年的历史。

1973 年黄陂蓬勃兴起的农民泥塑活动为当时的政治形势和现实生活服务，出现了大量以反映阶级斗争、弘扬思想进步为题材的人物、故事作品，在社会上引起强烈反响。国家、省、市雕塑界专家教授云集黄陂，培育泥塑传人500余人，黄陂被誉为“农民泥塑之乡”。

黄陂泥塑的价值和影响在于它的表现形式和内容蕴藏着各个历史时期的政治、经济、宗教、文化、生产、生活等诸方面的信息，对研究不同时期的民族优秀传统、习俗有着重要的参考价值；它宣扬的是忠、孝、廉、节、义、智、信和真善美等健康向上的主题，给人们以启迪和教益，对弘扬爱国主义、促进社会进步和谐、发展经济和传承、弘扬、丰富民间民族传统艺术宝库、美化社会、活跃人民群众文化生活都起到积极的推动作用。2011年，黄陂泥塑入选湖北省第三批省级非物质文化遗产名录，易厚庆、彭发生、梅俊先三位艺人先后被确定为黄陂泥塑传承人。

梅俊先口述

梅俊先，1948年出生。“武汉黄陂泥塑”市级代表性传承人。1973年开始参加黄陂农民泥塑活动。1976年在“黄陂县泥塑工艺厂”，担任技术厂长。曾参与过多种泥塑作品的设计制作工作。作品手法流畅、细腻，造型丰满。其作品《欢庆解放》曾被当时国内唯一涉外刊物《人民中国》刊用。2017年3月，其作品被湖北省档案馆收集进馆，永久保存。

我从8岁开始玩泥巴。小时候我的爹爹住庙，我经常去庙里玩，那个时候才晓得泥塑这个东西，开始对神像、菩萨感兴趣。那个时候，一般的乡村庙都是三教合一，有佛教、道教、儒教。庙里有娘娘，叫送子娘娘，手里抱着个娃娃，我就把那个娃娃拿下来玩。我爹爹把我打了一顿，不让我玩。没有玩具了，我就照着菩萨捏泥人，自己捏泥娃娃玩，当时根本没想到玩泥巴会成为自己后来的事业。

泥塑的创作来源，就是当地的一些东西。好多人叫黄陂黄陂的，就是因为黄陂的黄土多，再有点儿美术基础和爱好的话，就比较容易接触泥塑这个东西。要说黄陂泥塑，已经有1000多年的历史了，在清朝道光年间的时候，汉阳归元寺兴建罗汉堂，黄陂泡桐乡云雾山泥人王村的王煜父子接到这个任务，花了九年时间，完成五百罗汉的塑制。1976 年黄陂被评为“中国泥塑之乡”，泥人王村就是“黄陂泥塑”的发源地。

泥塑工序多，首先要造型，然后打膜，打成外膜，再把外膜揭掉，里面的泥巴不要了，之后把膜合拢，往里面灌玻璃钢也好，灌石灰也好，或者注铜，最后是修整、彩绘。一般有五六道工序。如果做大雕塑的话，那种一二十米的大雕塑，就需要大型工具；如果是小雕塑，就用小工刀具，很简单。再一个，大型泥塑创作需要配合，主要是技术人员、设计人员和工人的配合。我曾经获奖的代表作《欢庆解放》就不是我一个人完成的。

1973 年，湖北省美术学院专门在泡桐开泥塑培训班，我也去参加了培训。经过省美院专家的点拨，我逐渐成为黄陂泥塑的骨干。那几年，我们创作了一批作品，用“泥塑担”挑着到各村、各队巡展，大家都很喜欢。我记得当时的中央美术学院副院长、中国美术馆馆长刘开渠还专程到泡桐考察，看到我们做

的这些生活气息浓厚的农村题材泥塑，表示惊叹。后来，我们还和当时有名的四川煤矿工人的泥塑进行了“工农泥塑对展”。

1979 年，农村开始实行土地承包责任制度，产生了一批剩余劳动力。我和其他泥塑匠谋划创办泥塑工艺厂，既能传承泥塑手艺，又能解决农民就业问题。1980 年，黄陂县泡桐泥塑工艺厂建成。那个时候办工艺厂很不容易。很多搞泥塑的，会造型，但是在色彩上只懂白粉颜料、水粉颜料。后来我们去无锡学习参观，因为无锡做出来的东西像陶瓷一样。等我们把他们这个技术掌握以后，就把泥塑工艺品做着出口了。到 1981 年、1982 年，我们的产品就开始出口。最多的时候，厂里面的工人有 500 多人，创汇能有 300 多万。

随着时代的发展，泥塑厂逐渐萎缩，我就引导工人回家干泥塑个体户。根据市场需求，他们将泥塑手艺运用到建筑、家具、城市雕塑等行业中，很多人都取得成功。对于我来说，我还是一直在坚守老本行老手艺，我热爱它，放不下。

谈到传统泥塑的发展，应该按照社会和时代的发展而变革，创作题材要和时代配合。像我创作的《九佬十八匠》，就代表我们黄陂的形象。因为在黄陂过去有句俗语，叫无陂不成镇，这个十八匠就是表现着我们的工匠精神。黄陂泥塑最终的目的，是随着社会发展的。今天我能够做到我的每件作品让人家感到满意，我的心里就满意。

专家点评

“泥塑”是中国古老的传统民间艺术，是人类早期手工捏制的艺术品。武汉黄陂是中国雕塑之乡，有悠久的泥塑历史传统，技艺精熟，艺人辈出。闻名遐迩的汉阳归元寺“五百罗汉”和“木兰山的神像”是“黄陂泥塑”重要代表作。2009 年 5 月 27 日，“武汉黄陂泥塑”被列为湖北省第二批省级非物质文化遗产名录。

谈到黄陂泥塑，不得不提起黄陂泥塑非遗传承人梅俊先老人。他从小就对庙庵里一尊尊形象各异的神像极为感兴趣，8 岁那年开始摆弄上了泥巴，一玩就是 60 多年，玩泥巴是他一生最开心的事。一摊黄泥经梅俊先老人之手，顷刻间就变成一个个飞禽走兽、鸟兽鱼虫，惟妙惟肖。有人说，他前世是女娲，从他手中捏出来的泥人跟真人似的，会怒会笑。他的泥塑生活气息浓，接地气，有情趣。有人说他是普通农民，生活在田间地头、在农民中。他说，“我的题材就来自乡村生活”。年过花甲的梅俊先数十年如一日，用他那双手记录时代变迁，传承民间泥塑艺术。

近年来，国家对于非遗的扶持，让非遗传承人有了更多创作的空间和灵感。黄陂泥塑不再是人们记忆中尘封的历史，正以新的面貌重新站立在宽广的大众舞台中间，迎着新时代展现它独特的文化魅力和艺术价值。

（撰写　商世民　宋晓明）

湖北省省级非物质文化遗产

武汉木雕

木雕，作为一项民间雕刻艺术，在众多的工种分类中被誉为“精细木工”，从一块粗犷的木料到一件精致的木雕作品，需要经过构图、打胚、雕刻、修光、打磨等一系列复杂的工序。

武汉木雕的起源可追溯至东周及楚汉时期，1978 年湖北通县（今通山县）江陵县先后出土了许多东周时期的彩绘木俑、持剑木俑及彩绘梅花鹿木雕人物、动物。到了唐宋时期，因为尊崇佛道，造佛建庙祭祖给木雕艺术开拓了前景。经过漫长的融合发展，武汉木雕行业分成了“文”“武”两帮。“文帮”由高森泰掌教，集合了汉口、汉阳、黄孝一代的木雕

扫一扫
观看武汉木雕(邓道航)视频

扫一扫
观看武汉木雕(万正兰)视频

艺人，他们主要雕神像、人物和木雕细活，“武帮”由潘玉敏掌教，集合了武昌、蒲圻、咸宁一带的手工艺人，主要雕建筑构件、家具雕花和花床。到了宣统年间，潘福祥成为文帮实力最强的“潘氏神像铺”的第三代传人，是武汉木雕水平的代表。梅海清、邓道航、万正兰、张静等木雕大师均传承自潘福祥的木雕技艺。

武汉木雕多选用樟木、银杏木、黄杨木、楠木等质地细密柔韧、不易变形的树种，根据材料的大小及应用场合的不同，分别画上飞鸟鱼虫、龙凤祥云、人物花草等寓意美好的吉祥图案，然后运用工具进行圆雕、浮雕、透雕及其他各种形式的雕刻，是真正的民间手工传统工艺。

邓道航口述

邓道航，1938年出生，“武汉木雕”省级代表性传承人。1958年跟随梅海清学习木雕，从事木雕行业60多年，一直坚守武汉木雕的技艺和传承。

1958年的时候我高中毕业，考上武汉师范学院（现湖北大学）中文系，刚刚上了没几天，哥哥得了黄疸病，很危险，我没办法去上学了，要照顾他，就放弃了大学梦。一两个月之后我哥哥慢慢恢复了，有一天我碰到了一个老同学，他说你不是喜欢画画吗，现在武汉市有一个国营武汉百花工艺雕刻厂，你可以去那里试试。后来我就拿着我画的东西给厂长看，他说我看了你画的这些东西还有点悟性啊，你可以学木雕。当时厂里有个梅海清老人，他在湖北很有名气，我说好，那我就学木雕，后来厂长就把我分给他，跟他学手艺。

我的老师梅海清是跟随潘福祥拜师学艺的，潘祥福是当时武汉木雕里面文帮实力最强的。武汉的木雕行业分成文、武两帮，文帮主要雕神像、人物和木雕细活，武帮主要雕建筑构件、家具雕花。我的师傅梅海清他们上木兰山修过木兰将军，到宝通寺修过菩萨，还做过黄鹤楼的菩萨神像和神案、经常到归元寺给佛像贴金。

刚学木雕的时候很难，冬天穿两条棉裤，在车间里面学刀法，学造型，到了礼拜天，我就到汉阳文化宫，有学院里面的教授教素描。木雕讲明暗、层次，也讲体积感，翻转折叠，飘逸透体。我自己设计并制作的第一件作品是一个楠木浮雕《和平万岁》，当时获得了不少好评。

几十年的雕刻人生，我深深地爱上了这门手工艺术，我立志想成为穆希娜式的人物。穆希娜，全名为薇拉·伊格娜吉耶芙娜·穆希娜，是苏联时代最出名的女雕塑家。

对于创作作品，我非常认真。我创作《王昭君》的时候，看了一本书，就是曹禺写的《王昭君》的剧本。

我越看越想看，一共看了三遍，后来我以这个为题材创作木雕。当时王昭君还是宫女，穿的宫装，外面披个皮裘。我查了资料，研究衣服的纹理，在路上观察人们的行动、走路的时候衣纹怎么运动、虚实关系，要表现衣纹的质感，又要表现衣纹的虚实。1982 年的时候，《王昭君》在全国木雕质量评比会上荣获全国二等奖。

做了这么多年，我没有想过放弃，我觉得值得。我快活啊，我的快活好像与常人不同，别人的认可、雅俗共赏、都喜欢你这些作品，那你何尝不快活。

我也带了一些徒弟。我的两个徒弟万正兰和张静，现在也都是工艺美术大师了。我觉得我们的手艺不会消亡，因为我们有两个中坚力量，而且她们也在带徒弟，这门手艺只会光大。

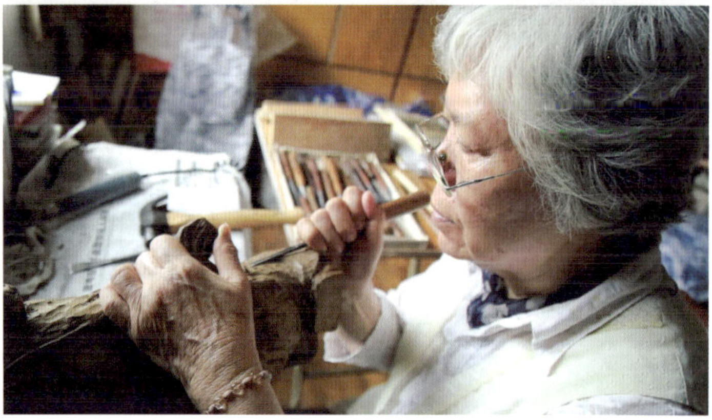

万正兰口述

万正兰，1956 年出生，“武汉木雕”市级代表性传承人。1983 年开始跟随邓道航学习木雕，在木雕作品的造型、雕刻等方面进行创新。

我是 1983 年开始接触木雕的。在此之前，我爱泥塑，从小手上就爱捏，在农村里劳动的时候，坐在田埂上面，抓一把泥巴就随便做点什么，就喜欢这个，从小就爱这个，所以造型对我来说就是一件很美的事。

参加工作后，业余时间我几乎全部用在了雕刻上。一个偶然的机会，同事把我引荐给当时的武汉市工艺雕刻厂的设计师邓道航。那个时候我 27 岁了，邓老师说，你这个年龄了你还想学啊，我说我从小就爱，还把我平时做的一些小玩意带去给她看。她说我跟你出个题目，于是顺手就在她家的书桌上找了一个香烟盒子，飞马牌的，她就说你就做一个马。我问用什么材料，她说你随便用什么材料都可以。我回来就有点着急，没什么材料啊，后来发现才买回来的一块新肥皂，我

就用那个新肥皂，把马在上面一画，画了之后就雕了，第二天就送到邓师父那儿。当时邓老师一看，说好，那我去帮你跑关系。我们那个时候调工作非常难，后来在邓老师的奔走下，1983年8月3日，我正式进入武汉市工艺雕刻厂工作，成为邓道航的徒弟。

我师父的作品都有一定的思想性，有故事，有文化在里面。我这一代也继承了我师父的衣钵，更喜欢讲故事了。我的木雕作品《兰亭序》《清明上河图》都融入了我对这些诗歌绘画的理解和思想。《清明上河图》虽然是按照张择端原稿一比一的比例，但是深度很深，有4.5厘米深，这从浮雕上来说，是属于难度非常大的，所有物件的透视，要掌握好。

我的师父做人物，讲究重心，限制了有些东西站着不是很活，我在她的基础上，思想更开放一些。在做组雕作品《东君》的时候，我想到芭蕾舞，身体向前倾，向后仰，都在一个足尖上，所以我在做圆雕的时候，把这个芭蕾舞的奔放的动作，揉进了我的作品里面。

现在我的几个徒弟也纷纷出师，在木雕行业小有名气。最近几年，我带徒弟基本上是在学校代课，一学期 20 个学生。我觉得不一定每个人都能做得很精，但是起码让他们认识什么叫木雕。

专家点评

木雕艺术是雕刻工艺中的一种，一般选用质地细密柔韧的“椴木、桦木、楠木、樟木、柏木、银杏、沉香、红木、龙眼”等木料进行雕刻。“木头，自然、淳朴，如同所有生命的过程，要不熊熊燃烧，要不慢慢腐朽”，在木雕艺人的手中，木头被赋予新的生命，是中国传统工艺美术中的一朵奇葩。

邓道航是“武汉木雕”的非遗传承人。1958 年她放弃就读武汉师范学院（现湖北大学）的机会进入武汉市工艺雕刻厂，师从著名老艺人梅海清学木雕手艺。从此，为企业设计制作各种样品、展品和礼品，为武汉木雕的传承与发展、为企业创汇起到了一定的作用。邓道航坚持大半生在小居室创作，一做就是 58 年。她的木雕作品或绚丽，或婉约，栩栩如生，巧夺天工。走近邓道航，我们能感受到在这一件件精美的木雕作品背后，是年逾古稀的她年复一年、日复一日的坚持和心血。几十年的雕刻人生，她耐得住寂寞，不为世事烦扰。邓道航使得武汉木雕在曲折中坚持下来，让具有悠久历史的汉派手艺实现了非遗梦，2016 年武汉木雕终于被列入湖北省级非物质文化遗产名录。“武汉木雕”的成功申遗更加坚定了她在木雕行业继续走下去的决心。“武汉木雕”有了这群汉雕匠人的传承与创新，汉派木雕之路将发扬光大，开拓光明。

（撰写　商世民　李　慧）

武汉市市级非物质文化遗产

武汉剪纸

剪纸是中国最为流行的民间艺术之一。武汉剪纸使用剪刀、雕刀为工具，讲究破刀工整、构图丰满、线条流畅、疏密有致，善用适形构图和点题文字来表达内容，具有俊秀而优美的风格，既有北派粗犷写意，又有南派精雕细刻的神韵。

武汉剪纸从工艺制作特点来说，应是湖北武汉刻纸或湖北武汉雕花剪纸，源远流长，孕育于精彩绝伦的楚文化沃土，承“镂金作胜”“剪纸为人”之古荆俗，造就了众多剪纸艺人。武汉、鄂城等地有数以百计的雕花匠，并且在清末民初建立有剪纸的行会组织，这在全国都是少见的现象。1954 年，蒋再谱、戴振鹏等组织成立了武汉地区最早的剪纸雕花小组，把传统花样推陈出新，创作了大量反映新生活的剪纸作品，并出版了《雕花剪纸集》。

扫一扫
观看武汉剪纸视频

20世纪70年代，这一原本作为乡土艺术的剪纸被引入武汉，先后出现了盛国胜、何红一、沈松柏等一批剪纸高手，剪纸工艺遍及三镇以及新洲、汉南等城乡，形成了南北兼蓄、风格多样、各具特色的武汉剪纸群体。在青山区武钢职工中，出现了以刘士标、江先孝等为代表的一大批剪纸艺术爱好者，创建了以工业为题材的“工业剪纸”。“工业剪纸”既保留着民间剪纸的意味，又大胆开拓、勇敢创新，吸收现代姊妹艺术的表现手法，创作了一大批表现大工业及现代人的居室和生活的剪纸作品，实现了从“窗花”到“钢花”的转变。

刘士标口述

刘士标，1940年出生，“武汉剪纸”市级代表性传承人，一级民间美术工艺家。8岁始学剪纸，16岁被招工到武钢，业余时间坚持剪纸，《炉火正红》《金光灿烂》《沸腾的武钢》《美丽的新三轧》等一系列剪纸作品，细致生动地表现了钢铁冶炼的整个过程，开创了“工业剪纸”的新时代。

我的家乡，是有“小汉口”之称的湖北监利朱河镇，民间艺术发达，各种手工艺人都有。我家里有两个邻居，一个邻居是扎纸的，就是做龙、蚌河精；另外一家是做戏魁的，就是唱戏的帽子、刀具、衣服，上面龙凤飞舞。我从小就喜欢这些东西，平时也喜欢剪一些刀枪苗子，觉得好玩。那个时候还不知道什么叫剪纸，看到我的邻居搞的这些东西，看得入迷了，一放学，就到纸扎铺、到做戏帽的地方玩，看他们剪一些东西。

剪了一段时间以后，邻居就不让我去学了，不让我看，怕我把手艺学走了。我就到处去捡烟头，把外面的纸剥开，另外弄一张纸，比如我家里包药的纸或者烟盒子的纸，做成烟卷，送给邻居抽；等他们有什么事情，我还约着我的小伙伴

去帮忙。时间长了，别人就不讨厌我们了，我们去看也好，去剪也好，都让。我就是这样“偷师”学会的剪纸。

1956年，我被招工到了武钢，业余时间里仍然坚持剪纸。原来我在家里剪的都是那些龙凤飞舞的，鞋花枕头花窗花，到城市以后，我觉得这些东西没人喜欢，也没有人用，就开始尝试剪工厂里黑板报上面的天安门、镰刀斧头等图案，后来布置车间，我剪的这些东西很受欢迎，就这样慢慢搞起来，后来就深入到武钢各个地方。

后来我又尝试着剪一些工人工作的场景，这与传统剪纸的内容有很大不同。我先看，再拿照相机去照，最后是画速写，通过这三个办法，尝试突破和创新。我还去访问那些操作工、炼钢工，了解他们在工作中的辛苦，争取在作品中反映出钢铁工人的辛苦劳动和奉献精神。

传统的汉派剪纸虽名为“剪纸”，实质上是用刀刻，纹路多为曲线，我就尝试引入北派剪纸的剪刀技法，将各种线条进行组合，同时还汲取了版画、国画的特点，使用套色和染色，让剪纸兼有柔细和粗犷的风格。剪纸的特点是似像非像，越看越像，还需要进行艺术美化，比如说在铁锹上面加一个红彩带、红的绣球或者一朵红的光荣花，这样就不会枯燥无味，不单调。

到 1979 年的时候，我在武钢成立了一个剪纸小组，到各个厂去找喜爱这个的同志来参加剪纸。最多的时候，武钢有 500 多人来参加剪纸。我们在湖北第一个成立了武钢剪纸学会。1984 年 8 月，应全国总工会、《工人日报》《美术》杂志的联合邀请，武钢工业剪纸在北京美术馆举办了一次大型展览，我们背了 120 多幅作品去办展览，反响非常好，把中国工人的劳动和创造都反映出来了。这是一段光荣的历史，让不被艺术界认可的剪纸首次登上了大雅之堂，也开创了工业剪纸的新时代。

1997 年，我从武钢退休之后，想创作一幅有历史性的东西，我就选了《清明上河图》这个题材。后来花了三年时间创作了一幅长约 8 米的《清明上河图》，上面有 500 多个人物、30 多匹牛马，并且一整张是不断的。我用的是最好的牛皮漆壳纸，可以保存几百年。

作为一个湖北人、一个武汉人，我觉得宣传家乡是义务，所以我设计制作了《长江三峡风光》《江城大武汉》《美丽青山》等一系列剪纸作品，让来湖北旅游的人把这些纪念品带到全国甚至世界各地。

随着时间的累积，我的剪纸作品越来越多，如果把这些剪纸束之高阁，那就失去了当初创作的意义，所以 2013 年，我在自己家中办了一个小型家庭博物馆，将自己多年积攒下来的剪纸作品，大概有 2 万多幅，免费开放。当时仅仅一年的时间，我就接待了数千名学生、市民和剪纸爱好者。我要讲解，还要做清洁，别人提的意见我还要修改，很辛苦，但是辛苦我也从来不叫苦。

2014 年，青山区委、区政府将位于红钢城街和畅社区“青山区民间艺术传习中心”的三楼无偿提供给我，开办我的个人剪纸艺术博物馆，有 300 平方米，里面有我各个时期的代表作品。

博物馆开幕的时候，我收了 5 个徒弟，那是经过政府认可的，现在有的是大师，有的是副教授，有的还是五一劳动奖章获得者。2018 年 4 月份的时候，习近平总书记在湖北考察，我的徒弟毛月明把他的剪纸作品《青山新江滩》送给总书记了。

我还教了一个老年班，教他们 14 年了，其中最大年龄是 85 岁，最年轻的大概是 50 多岁，他们现在剪的作品能够参加全国展览，在全国获奖。我现在的工作是要把家里的好东西尽量加快整理出来，尽量交给国家，让它们保存下去，让它们传下去，让更多人欣赏，我就没有白活。

专家点评

剪纸是中国最古老的民间艺术之一。民间剪纸在北朝时期就已出现，至今已经有 150 年的历史。武汉剪纸源远流长，古荆民俗造就了众多剪纸艺人，剪纸工艺遍及武汉三镇。他们以刀剪代笔，剪刻并施，表达艺人们对生活的热爱与真情。“刀随人意、形出于刀，运转自如、不露锋芒，形态生动，神情逼真”代表了汉派剪纸的风格。

刘士标是武汉剪纸非遗传承人之一，他精湛的剪纸技艺离不开小时候学习剪纸的刻苦。71 年前，当时俗称“小汉口”的湖北监利朱河镇，民间艺术百花齐放。左邻右舍的小工艺，成为孩子们开阔视野和艺术启蒙的智慧之光，也深深地吸引和影响着儿时的刘世标。而今，展示在博物馆里那幅形态各异、栩栩如生的 8 米长卷《清明上河图》剪纸作品就出自当年那个对剪纸技艺痴迷的孩子刘士标手中。刘士标深谙传统技艺需要传承和创新的道理，如今成为他剪纸事业的制胜“法宝”。1956 年，刘士标进入武钢，他将传统剪纸技艺与工业钢铁文化撞击，经过无数日夜的研究，“工业剪纸”终于被他剪了出来。这种创新的审美情趣无疑成为那个时代的引领。铭记历史，传承文化，刘士标以三年巨制《清明上河图》，向世人证明了剪纸能做到的极致。他热爱家乡，用剪纸艺术将湖北特色展现得酣畅淋漓。

（撰写　商世民　莫国雄）

武汉市市级非物质文化遗产

小口径瓶内画

内画技艺又称“内画鼻烟壶”“瓶内画”，始于清朝咸丰年间。起初仅为鼻烟壶装饰工艺，之后经文人慢慢演变为艺术品。武汉市硚口区的童建国将这门民间技艺发扬光大，首创在几毫米口径的玻璃瓶内描绘山水、创作油画。通过30多年时间，他努力独创的“小口径瓶内画”成为武汉民间工艺一绝。

作画时，收气，力发手腕之上，精细处非目力所能及。绘制瓶内画的工具，选用撕成细条的竹篾片，用火烘烤后可以蘸取墨汁、颜料，根据瓶子的形状弯成各种适合作画的角度。

1992年，童建国在口径仅1.25毫米的风油精瓶内创作的《黄山壮景》图，参加首届全国吉尼斯擂台赛并获奖，至今，这项纪录仍由他保持。

扫一扫
观看小口径瓶内画视频

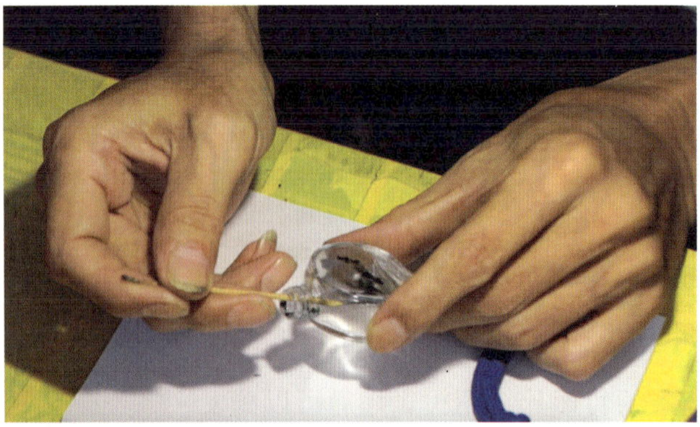

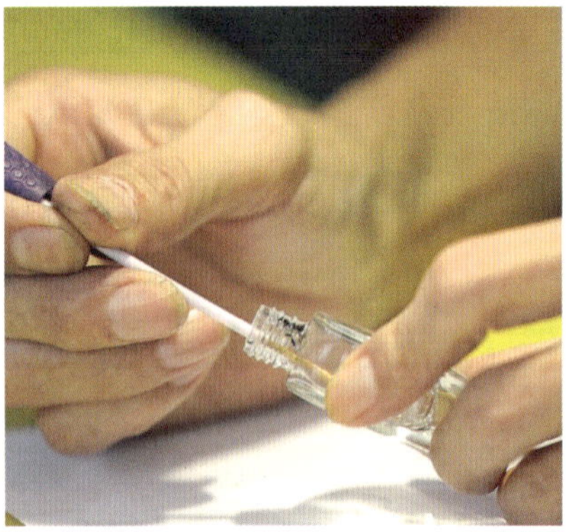

童建国口述

童建国，1953年出生，“小口径瓶内画”市级代表性传承人，中国民间工艺美术家。首创在几毫米口径的玻璃瓶内描绘山水、创作油画，30多年来，创作作品万余件。2003年，他创作的《长江三峡四季图》，用88个酒瓶组成的8米“画卷”将原始的三峡风光浓缩在玻璃瓶内。

我画画的启蒙老师是我哥哥，他那时候在我家墙上画火车、坦克，我就蛮喜欢。我从小学3年级开始画画，到中学的时候就画得还可以了，再加上别人一赞赏，兴趣就更高了。后来抽调到武昌车辆厂，先是搞车工，后来领导发现我会画画，就被调出来搞宣传，然后画画技艺就在这种环境下很自然地慢慢提高了。

1984年的时候，我在电视里看到一个报道，介绍北方的一个老艺人在鼻烟壶里面画画，我觉得蛮稀奇，琢磨怎么在瓶子里画画。那个时候我的外画已经画得相当好了，在工艺美术大楼卖画都卖了五六年，所以我想我要是画内画，肯定要画一个跟别人不一样的。后来是风油精瓶子启发了我。那个时候到处都是风油精的瓶子，我拿着风油精瓶子心想，如果能在这里面画画，那种感觉肯定不一样，就像创造一个奇迹出来了。

开始我拿一个装鱼肝油的小药瓶进行尝试，口径大概有 15 毫米，怎么做笔怎么画都没有人规定，就自己找了铁丝、竹签试了一下。用那个瓶子画了几百上千次，画好了洗掉，洗掉放在那里，第二天没事的时候蘸墨又画。因为瓶口太小，瓶内的水分排不出来，放一晚上就把画好的画全部化掉了。一直画到最后我觉得能够成为作品的时候，差不多有半年的时间了。那个时候就画了一个葡萄，因为我外画的葡萄画得比较好，所以那个葡萄画得比较成功，别人一看就说，有那个调调了，有一点内画的感觉了。这就更加激发我探索内画的激情。

从酒瓶、药瓶、香水瓶到风油精瓶，瓶口口径也从 15 毫米、7 毫米、5 毫米逐渐缩小到 1.5 毫米。从大到小，风油精瓶子里面第一个画出来的，是一匹马，别人一看就知道是徐悲鸿的马，起码临摹得有八九成像，这样小口径瓶内画的技巧，通过半年的时间就被我掌握了。

风油精瓶内画成功后，我又尝试瓶内油画。瓶内油画与外画油画是完全反向的，比如说我画外画，先把天一画，再把树一画；而瓶内画哪个在前面就要先画，我要先把房子画了，再画树，再画天，最后画背景，才能把这个画完成。

1997 年，长江三峡顺利截流，为了把原始的三峡风光永远留在瓶内，我开始创作《长江三峡四季图》。我用了整整半年，一套由 88 个

酒瓶组成的 8 米“画卷”将三峡景观全部浓缩在玻璃瓶内。后来，我又在口径仅 1.25 毫米的瓶子内创作了一套“小三峡”。我觉得这个东西留着，就是保留了历史、见证了历史。现在我只要看到没有见过的瓶子，我就要想办法弄回来，然后画一张画在里面。这就是一个器具的艺术，又添加我自己的内画艺术，是一个综合艺术品。

从 1984 年到现在，我创作了上万个瓶内画，有水墨画、山水画、人物油画，等等。这些瓶内画曾多次走出国门，成为中外民间文化交流的一道桥梁。我自己也被联合国教科文组织和中国民间文艺家协会联合授予了“中国民间工艺美术家”的称号。这些荣誉对我来说是一种鞭策、鼓励和肯定。

我先后收了十多个徒弟，但最终没有人能坚持下来。因为市场蛮窄，要养家糊口很难，只能把它当作业余爱好和兴趣。我现在最大的心愿，就是把自己多年创作的心得传授给儿子和几位爱好瓶内画的朋友，也希望能有博物馆来收藏我这些工艺品，让民间工艺的历史文化更丰富。

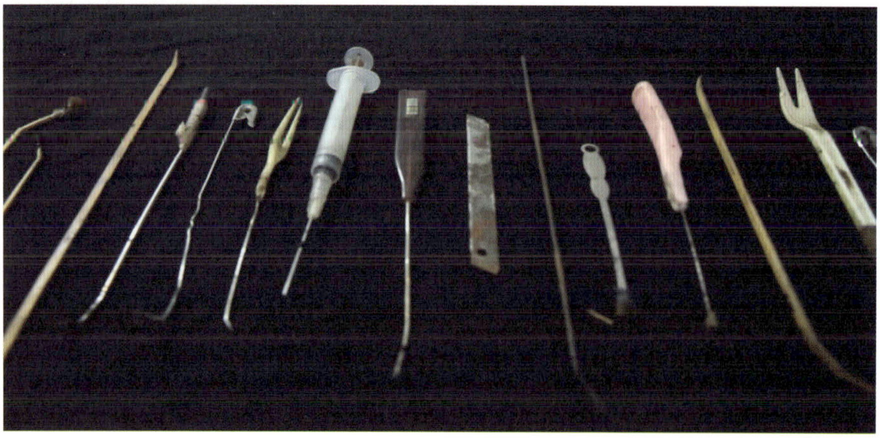

专家点评

一个风油精瓶，一支竹签笔，一颗清净心，方寸之间，展现大千世界！这就是武汉市非物质文化遗产——小口径瓶内画艺术，唯一代表性传承人童建国的绝活。他竟能在1.2毫米口径的风油精瓶内，做到用铁丝般细小的竹签作画；在仅有指肚大小的内壁空间里，呈现出秀丽山河、人间百态等微缩图案，美轮美奂。童建国自幼喜欢绘画。小口径瓶内画技艺是他经过20年的艺术探索独创的。他能够在几毫米口径的玻璃瓶内描绘山水、创作油画，成为武汉民间工艺“小口径瓶内画”的一绝。童建国还多次将“小口径瓶内画”民间工艺带出国门，成为中外民间文化交流的桥梁。他被联合国教科文组织和中国民间文艺家协会联合授予了“中国民间工艺美术家”的称号。

对“小口径瓶内画”工艺绝技的传承，童建国忧心忡忡。他先后收了十多个徒弟，其中不乏绘画功底很好的美术生，但最终却没有人能坚持下来。庆幸的是，他将自己多年创作的心得传授给了儿子和几位爱好瓶内画的朋友。如今，他最大的心愿，就是希望这些凝聚了他多年心血的传统技艺能后继有人，能够得到更广泛的传承。他说：我是个平凡人，只想为社会、为历史做点贡献，让历史文化更丰富，而不是遗失，让这些民间技艺绝活为传统工艺美术添砖加瓦。

（撰写　商世民　王星莹）

武汉市市级非物质文化遗产

叶画

叶画就是在以树叶上进行绘画创作，也被称为“绿色艺术”。有“草圣”之誉的唐代书法家怀素和尚，学书贫而无纸，曾种芭蕉万余株，取叶练字。可考证的叶脉画，存世时间达两千年。以前人们（主要是佛教）利用植物叶制作出的《贝叶经》，我国的许多博物馆还有馆藏，杭州的灵隐寺至今还藏有部分古代《菩提叶画》。

刘义桥历经 30 年的潜心研究，完整、系统地创立了中国叶画艺术专业技法。他的叶画作品突破绘画界传统“方框方画”的格局，独创性地形成了“内圆外方、方圆结合”

的视觉效应，让人在叶与画的有机结合中强烈感受到“叶中有画，画中有叶，叶外无画胜有画”的三维境界。

叶画首先要将新鲜叶片经过数十道工序，处理成一张可卷可舒、可涂可抹、如绸如缎的“画布”，作画时，利用叶片的自然形状、色彩、纹理、茎脉、褶皱、破损，随类依势作画，讲究绘画艺术的天人合一和返璞归真。

刘义桥口述

刘义桥，1958年出生，“叶画”市级代表性传承人。其叶画作品被誉为“绿色艺术、环保书画”，收藏者有国际奥委会主席、国内外领导人及世界佛教领袖等，目前已获得叶画发明专利、叶画外观设计专利等50余项国家专利。

我从小就喜欢画画，十来岁的时候，师从名师万军学习画画，国画、油画、水彩，山水、花鸟、人物等各种画法和画种都比较擅长。

叶画应该说“出生”于1994年，那时我还在港监局内部报纸做记者，业余时间搞绘画创作，一直在寻思怎么在绘画上有突破。我喜欢哲学，绘画是一种哲学思想，是从宏观与微观对视觉产生冲击力，让人们理解作者对事物的观察和看法。在研究绘画的过程中，我就在思考绘画的视角感。我研究方和圆，方圆就是给人们的一种视角，因为万物都是在这种形态下展示出来的。绘画过去都是方框方画，那么我就考虑要从视角

上、载体上进行创新。有一天，我注意到落在地上的树叶，形状千姿百态，色彩变幻万千，灵机一动，在叶子上画画。

为了寻找适合绘画的叶子，我先在武汉周边找，后来就跑远一点，开着摩托车到神农架，以为原始森林里面应该会有好叶子，但是也大失所望。当时开车还出了车祸，手指插到土里面，中指断裂了三节。最后我发现适合的叶子还是在南边，也就是阔叶林地带，那的叶子质地好、纤维多、幅面大，色泽变化很优美。

找到叶子之后要处理叶子。刚开始没有专门制作叶画的地方，只能在家倒腾。我们家里因为堆满叶片，叶片腐烂之后逐渐变成“沼泽地”，气味难闻，朋友都不愿意往家里来。经过 5 年多的时间研究改良，我和妻子才琢磨出卷轴画。

把叶子变成画布，前前后后大概需要五六十道工序，从最简单的防腐、防霉、防干、防裂、防虫、防蛀，到雾化处理，收水保湿、快干整烫、修形剪补、扯皮拉筋，还有很多细节是无法表达的。妻子下岗之后就承担了叶画创作的大量前后期工作，种植、加工、修形剪补、扯皮拉筋，样样精通。

接下来就是寻找适合在叶子上绘画的颜料，水彩试过了，水粉用过了，油彩用过了，国画颜料用过了，全部都不行。因为树叶既不是宣纸又不是画布，你说吸水它又不吸水，你说不吸水吧，有时候你一笔下去就没有了。因为每个叶子的叶面状况不一样，荷叶上面长满毛刺，广玉兰叶子却是光滑的，颜料和水一上去就打滑。最后在古印度的贝叶经上找到一种矿物质颜料，是把山石研磨为粉，用动物和人血调和，加入金刚石、绿松石等形成的。这种颜料可以作画，但是非常昂贵，画不起。最后我发现，国际上流行的可以代替它的是丙烯颜料。

叶画有五大特性：一是自然观赏性；二是艺术观赏性；三是环保性；四是不可复制性；五是永久收藏性。叶画的最高境界要能够达到天人合一，返璞归真。叶子本身就是天然植物，一片叶子如果有70%的肌理，你可以画30%的画；如果有30%的肌理，就画70%。就是说，一定要保持叶子自身的容貌和自然之美。我们的叶画就是内圆外方，方圆结合，叶中有画，画中有叶，叶外无画胜有画的三维视角。

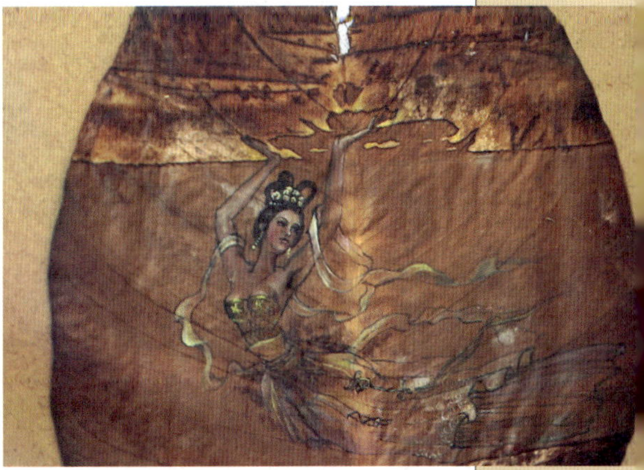

我至今还珍藏着一幅绿萝叶片制成的作品《女娲补天》，曾经有人出价80万都没卖。那

个叶子上面有虫咬的，咬破的破洞下面有几块石头，然后上天下地是一种不规则的分配，好像黄金分割线一样。再往下面一看，好像是一个睡佛。我把它正过来看，真的是一个佛。有这么一些景象，到底要形成一幅什么画呢？头脑里面每天就斗争，看这片叶子就看了将近七八个月，不敢动手。最后画了一个女娲，运用了绿萝叶的天然残破和叶脉纹理，让女娲顶天立地，手捧五彩石，立于天与卧佛之间。

如今，“义桥叶画”已经发展成为品牌，作品获奖无数，也有很多名人珍藏。我还通过陶瓷与叶画的结合，创造了叶瓷艺术，并荣获国家专利。这些成就是肯定，也是激励。

最近几年，我先后在武汉市第一职校、武汉市第一聋校开设了叶画课程，希望帮助聋哑孩子们学到一技之长。现在，叶画成了非遗项目，我希望能有几个得力的弟子，让有恒心的、确实比较机灵的年轻人，将这门艺术传承下去。

专家点评

叶画，顾名思义，即以树叶为载体绘画，源于古代《贝叶经》。《贝叶经》是刻写在贝多罗树叶上的佛教经文，有着悠久的历史。叶画艺人们将大自然中的植物叶经特殊工艺处理，绘出人物、山川、花鸟等形象，令人惊叹，被称为绿色艺术。

叶画这一独特艺术，突破传统方框方画的格局，形成内圆外方、方圆结合、叶中有画、画中有叶、叶外无画胜有画的三维境界；借叶子的形状、色彩、纹理、筋脉、褶皱、破损来依势作画，从而展示出大自然的巧夺天工与天人合一的景象；巧借各种绘画之手法，还原国画、油画、水彩、水粉、工笔、素描等风格，并形成了叶画艺术的独特技艺。这些特点使叶画作品具有自然观赏性、艺术观赏性、不可复制性、环保性和永久收藏性。

刘义桥是“叶画”市级代表性传承人。他历经30年的潜心研究，完整、系统地创立了中国叶画艺术专业技法，其叶画作品被誉为“绿色艺术、环保书画”，其作品被国际奥委会主席、国内外领导人及世界佛教领袖等重要人物收藏。目前已获得叶画发明专利、叶画外观设计专利等50余项国家专利。近年来，刘先生先后在武汉市第一职校、武汉市第一聋校开设叶画课程，致力于叶画技艺传承公益活动。叶画成为非遗项目，他希望更多的年轻人将这门艺术传承下去。

（撰写　商世民　王星莹）

武汉市市级非物质文化遗产

明式家具微缩技艺

明式家具指自明代中叶以来，能工巧匠用紫檀木、酸枝木、杞梓木、花梨木等进口木材制作的硬木家具。造型优美、选材考究、制作精细是明式家具的三大特点。其结构科学合理、榫卯精密、坚实牢固，被誉为中华民族文化宝库中的瑰宝，世界家具发展最富有艺术感染力的精品。

武汉市青山区的阎民怡痴迷于制作微缩明式家具，他花了10 年时间研究中国古家具的历史及特征，经过反复论证，确定了 7 ：1 的缩微比例。其明式缩微家具制作有三绝：一绝工具，二绝材料，三绝工序。其作品主要有座凳类、卧具类、盛具类和柜架类，均选用与原作相同的古代珍贵木材，按 7 ：1 的比例缩微复制而成。他对明式微缩家具的精密程度要求极其苛刻，

扫一扫
观看明式家具
微缩技艺视频

用游标卡尺、千分尺丈量每一件家具，精确到 1 毫米的百分之一。

20 多年来，阎民怡做出了 60 多件明式微缩家具，件件都令人啧啧称奇。这些微缩家具和迷你的木工工具也分别获得了“世界上最小的明式家具”和“世界上最小的传统木工工具”两项上海吉尼斯世界纪录。著名学者王世襄先生夸其“严格遵照传统造型和结构，将尺寸缩到最小，以小到无法再遵照传统规标做出榫卯为度。可谓小中见大，比例不差毫厘，神韵如真，堪称一绝”。

阎民怡口述

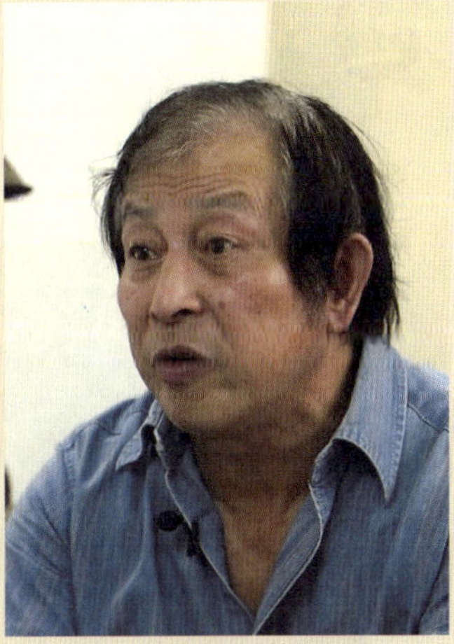

阎民怡 （1948—2017），“明式家具微缩技艺”市级代表性传承人。曾是武汉冶金设备制造公司的水泵工，1982年始研究、制作明式微缩家具。阎民怡一生做出了60多件明式微缩家具，件件令人称奇。

对丁明式家具微缩，我应该属于半路出家。我原来只是武汉冶金设备制造公司的一名工人，对明式家具没有认识，一点点都不懂，也没见过，就是有一次在一个上海的家具杂志的扉页上面，有四张黑白的明式家具的照片，这几张照片让我当时心里特别震撼：还有这么漂亮的、这么美的家具！从那开始找资料，我慢慢了解了中国的明式家具。

我的老家在西安，爷爷是民国时期的著名文人阎甘园。可能是受家中书香文化的熏陶，我从小就对文学艺术类的东西特别喜

阎民怡与文物鉴定专家王世襄

欢。迷上明式家具之后，我开始收集一切关于明式家具的资料，给很多杂志社、图书馆、出版社写信求助。第一本得到的是杨耀先生的《明式家具研究》，杨耀先生当时认识了一个美籍德国人，叫古斯塔夫·艾克。古斯塔夫·艾克是全世界第一个把明式家具写成专著来出版的。当时他写了《中国花梨家具图考》，后来王世襄先生出版了《明式家具珍赏》这部著作。在王世襄先生出这个《明式家具珍赏》以前，家具不在收藏之列，不属于藏品，从那以后，才有大量的人们开始越来越多地收藏明式家具，成了一个热潮了。

尽管在国际上，明式家具被誉为中华民族文化宝库中的瑰宝、世界家具发展最富有艺术感染力的精品，但是在国内，很多人对明式家具并不了解，一些人家里的明式家具被改制成了坐墩、杆秤，甚至算盘，永远失去了修复的可能。就是这些令人遗憾的经历，激发了我制作缩微明式家具的动力。我希望能通过这些微缩复制的作品，让更多的人了解明式家具，爱护明式家具。

在正式制作之前，我花了10年的时间研究明式家具的历史及特征，对于微缩家具的比例，也是经过反复比较论证才确定的。最早有一个实习阶段，那是准备阶段，不算正式做，做过8：1的，9：1的，10：1的，看哪个比例最合适。一个是考虑到，内部结构要用古代的，所有的榫卯要全跟古代一样，那么太小了，能不能做出来；另一方面还要考虑到，将来在大的博物馆里面的时候，太小了有没有那个气势。花了几年的工夫，最后就确定了7：1的缩微比例是最合适的。

1992年开始正式制作，第一件制作的就是陈梦家夫人收藏的直棂架格。难度非常大，因为小，最小的配件只有绿豆那么大，能不能打出榫卯来？要用什么样的工具才能打出它的榫卯？但是又有简单的成分，它没有太多的雕刻。它的结构复杂，比方那个吊牌，一个吊牌就是绿豆那么大，要卯出花来。我最小的什锦锉只能伸进去2毫米，就拿2毫米一点点透，把那个花透出来。第一件做的时间也长，做了半年多。

我做的叫缩微复制，缩小了以

后又复制，做成一模一样的。有一个原物在那摆着呢，准确是最重要的。能测量的，尽量去自己测量；不能测量的，也要通过朋友。故宫颐和园里面有一个条案，我就画在图纸上面，按我的缩微进行周密的计算，做出来后见了实物再一量，差2毫米。我能计算准确到那样，只比它少2毫米。

我用的木材都是收藏界的朋友捐赠的古代黄花梨和紫檀木，因为材料难得，耗费不起，所以动手之前要精密计算材料的损耗。

我在做的过程中，还进行了详细的记录，大概有几十册日记本，每件家具的制作过程，包括图纸

资料、零件小样、难点记录，制作过程的照片资料，以及工时记录，等等。我希望通过这些细节的记录，让人们更清楚地看到每一件缩微家具诞生的整个过程和制作时的艰辛，也是为了对明式家具有一个推广作用，让更多人了解明式家具，不要停留在那个价值上面，更多的是在工艺的传承上，以及这些明式家具背后的故事和文化。

专家点评

“明式家具”源于明代中叶，是人们总结千年中国古典家具历史和文化的智慧结晶。它以苏州为中心的江南地区为代表，是由民间工匠精选紫檀木、酸枝木、枸梓木、花梨木等珍贵木材制作而成的硬木家具。后人将这一辉煌的历史文化现象确定为明式家具，也称苏式家具。明式家具以装饰精微、雕饰精美，散发出传统文化的精神、气质、神韵成为家具文化风格的代表。明式家具微缩技艺是民间工艺的现代创新。阎民怡是明式家具微缩技艺的传承人，他制作的微型明式家具均选用与原作相同的紫檀、黄花梨等珍贵木材，按 7∶1 的比例缩微复制而成，既有古朴清秀的圈椅、官帽椅、画案、床榻、柜架，又有线条流畅的条案、条几、屏风，惟妙惟肖，巧夺天工。我国著名文物专家、学者、文物鉴赏家、收藏家王世襄曾赞誉阎民怡制作的微型明式家具“小中见大，比例不差毫厘，神韵如真，堪称一绝”。1999 年，他制作的最小的缩微明式家具和传统木工工具获得上海世界基尼斯总部颁发的“世界上最小的传统木工工具”和“世界上最小的明式家具”证书。2002 年，阎民怡获“湖北省首届绝技绝活大赛”金奖。

阎民怡说：“明清家具是世界家具发展史上不可磨灭的工艺精品。我想通过‘迷你’家具，让更多人了解这种博大精深的文化！”

（撰写　商世民　刘悦馨）

了 不 起 的 非 遗

L I A O B U Q I D E F E I Y I

传统技艺

楚式漆艺　楚式古乐器制作	湖北省省级非物质文化遗产代表性项目
囊匣制作技艺	湖北省省级非物质文化遗产代表性项目
蔡林记热干面制作技艺	湖北省省级非物质文化遗产代表性项目
高洪太铜锣制作技艺	湖北省省级非物质文化遗产代表性项目
四季美汤包制作技艺	武汉市市级非物质文化遗产代表性项目
黄陂三鲜制作技艺	武汉市市级非物质文化遗产代表性项目
传统榨油技艺	湖北省省级非物质文化遗产代表性项目
老通城豆皮制作技艺	湖北省省级非物质文化遗产代表性项目

湖北省省级非物质文化遗产

楚式漆艺 楚式古乐器制作

春秋战国时期，楚式漆器的造型之美、彩绘之精，是我国漆器制作工艺的巅峰。湖北是楚文化的发祥地，在不少楚墓的发掘中都会看到漆器的身影。漆器历经千年，仍然保持富丽光彩，楚式漆器技艺的魅力可见一斑。

楚式漆器是楚文化的一个鲜明符号，楚人对漆木器情有独钟，漆器覆盖人们日常生活的方方面面。楚国的漆器髹饰技艺、脱胎漆器工艺及堆鼓描金等技艺，达到中国漆器工艺的高峰，这些技艺流传至亚欧等国家，成为中国文化的象征之一。

楚式漆器一般用楠木、樟木雕刻，上天然漆自然干燥后彩绘而成。天然漆具有防潮防腐性能，使漆器历经千年仍光彩夺目。不仅有漆杯、漆碗、漆盒等生活用具，有漆鹿、漆座屏等工艺品，还有漆琴、漆瑟等娱乐用具。

扫一扫
观看楚式漆艺
楚式古乐器
制作视频

刘比建口述

刘比建，1956年生，中国工艺美术大师，楚式漆艺、楚式古乐器制作技艺传承人。刘比建长期为湖北省博物馆做楚式漆木器类文物的修复、仿制，是“曾侯乙古瑟”等多种漆木古乐器的唯一馆藏复制件制作者。他复制的湖北九连墩出土文物“漆木十弦琴”被中国国家博物馆永久收藏。从早期的复制到如今的创作，刘比建逐渐运用现代语言和手法，展示楚式漆艺技法，重新读取楚文化精髓。

实际上我们说的楚式漆器就是木胎漆器，是我们国家漆器里面的鼻祖。我们楚式漆艺最大的特点就是用木胎来做胎底，外面涂漆，来自自然，是一种漆素，我们叫土漆或者叫大漆。

漆器是楚文化的一个鲜明符号，楚人对漆木器情有独钟。据说楚人生活在一个漆的王国中，“生死不离漆”。“漆”被称为“涂料之王”，是从漆树上割下来的天然汁液。2000多年前的春秋战国时期，楚式漆器达到了中国“漆器工艺的高峰”。这时的楚人学会了运用加热法对天然漆进行脱水，去除生漆中的水分，生产出推光漆，而后加入熬制的植物油，研制出油性大漆，并调制出红、黄、蓝、绿、金、银等彩漆，再加上天然漆特有的防潮防腐性能，使这些漆器历经千年，仍然光彩夺目。

早期楚氏漆器的绘画，以简单的色块图案作为装饰图案者居多，到了后期，图案变得复杂起来，形成一个文化的载体，比方说龙寓意什么、凤寓意什么，以一种图案的形式表现出来。过去一般是富贵人家做漆器，材料以楠木、榉木、梓木为主，这些木头都比较粗、大，硬是靠人工把它挖成形，可以彰显器物主人的身份。

制作一件漆器，首先要根据器物的大小进行一比一绘图、下料、雕刻，制作成毛坯。然后将多余的棱棱角角，该去的都去掉，这个就是我们所说的打毛坯。下一个步骤叫擦漆，我们用一块布包一团棉花，把漆倒到器物上以后，用螺旋状的方式去擦，主要是使表面的漆有一定的硬度，也很均匀。像这样的髹漆工序往往要经过上十遍的反复，每遍上漆厚度要一致，每一遍上漆都要在相应的温度与湿度环境中进行氧化，历经百余天，历经数遍涂漆，才能达到漆器工艺品需要的厚度，这就是传统手工艺的功力与艰辛所在。彩绘是漆艺制作的最后一道工序，不管前面做的有多么好，如果彩绘这一道工序上面出现一点点瑕疵，那么整个漆器制作就前功尽弃，所以说彩绘这道工序是非常重要的。

1987 年，擂鼓墩出土的曾侯乙编钟震惊世界。此次出土文物，除编钟外还有大批古琴古瑟。当年我是 22 岁，因在湖北襄阳老河口民族乐器厂制作民族乐

器成绩突出，被选入湖北省随州擂鼓墩出土古乐器复制专家组。当时所有的漆器全部浸泡在水里，上面的纹饰和图案已经模糊不清，没有任何实物可以借鉴，也没有任何资料可以参考，技术完全是空白。如何修复这批漆器？经过反复讨论，专家组最后采取先复制后修复的方案。曾侯乙墓里面所有的图案，基本上跟这个墓里面出土的其他器物是统一的，起到了一个参考作用。图案很多是对称的，那么万一某一个地方脱落，我们就可以在对应的部位，找到一些跟它相像的地方。因为实物还在，我们就去拍一些照片作为资料保存，完了以后我们把它放大的比例和这个实物的比例套在上面，再把那个图描上去，描上去以后再把它完成。这每一步都是很艰辛的，完全是在黑暗中摸索，就像和古人进行了一次对话。

我最得意的作品就是恢复九连墩古墓出土的漆木十弦琴。这张琴从楚式漆艺的角度来讲，是一个比较有代表性的作品。我们说它为琴，实际上它不是弹拨所用的琴，它的主要功能还是作为一个法器。琴上面雕了很多的纹饰，有点，有线，有小色块，以龙的形状作为一个载体，代表着楚式漆艺达到的一个顶峰状态，并且雕工精致、造型美观，是迄今所见的先秦至西汉时期最精美的古琴之一。

我们所说的传承，是把过去的文化、技艺传承保留下来，但是保留传统不能

没有创新，创新的原则是在楚式漆艺的这么一个基础上，用楚式漆艺这种技法来表现我们现在的情怀，所以就创作出来了叫锦琴的这么一个东西。

我对楚式漆艺的感情，可以用着迷来形容。这两个字听起来很一般，在学习的过程中间，你越学你就感觉越深，越深你就越着迷。一次一次的洗礼，一次一次地对这种东西深化了解，陶冶了自己的性情，提高了自己的水平，用更高的文化层面去认知楚式漆艺的重要性。我们希望把这个楚式漆艺，用新的一种语言，让大家有一种新的享受。

专家点评

楚式漆器髹饰技艺是一种民间漆器髹饰传统技艺。至春秋战国时期，楚国的漆器制作工艺已达到了极高水平，是中外专家公认的中国漆器工艺的高峰。许多文物考古专家以为这种制作技艺已经失传，但事实上 2000 多年来一直在荆沙地区不断传承。挑鼓架、背鼓架、座挂屏、摆件和“金漆盆盘”等著名实用漆器工艺品，则一直兴盛至清末和民国年间。近 40 年来，荆州地区楚墓中出土的部分漆器居然与中华人民共和国成立初期本地人生活所用的物件完全一样。

楚式漆器技艺经历朝历代承传流变，现存的最有特色的是髹漆彩绘榫卯木雕、金漆盆盘和瓜果甲骨胎漆器三大类。髹漆彩绘榫卯木雕的制作流程是将整体设计的器物分解成若干部分，先分别雕刻部件，再榫卯组合成整体，最后髹底漆和彩绘，其代表作是“虎座鸟鼓架”。金漆盆盘包括各种盆、桶、盘、盒、屏、家具等，明清时期畅销国内，远销海外。瓜果甲骨胎漆器为全国稀有，颇具特色，其中瓜果胎漆器有朱漆葫芦勺、橘柚胎漆器等。甲骨胎漆器则是受古代甲骨占卜影响，由崇尚巫术的楚民制作成占卜法器和辟邪艺术品，现荆州街头仍可见到髹漆龟甲。

楚式漆艺制作技艺省级非物质文化遗产项目传承人、中国工艺美术大师刘比建长期为湖北省博物馆做楚式漆木器类文物的修复、仿制，穿行于楚式漆器世界近四十载。为延续楚式漆艺不褪色的繁华，刘比建尝试在传统基础上创新，他结合楚式漆器的美学特点，制作出古瑟、古琴等乐器；在制作上，更注重古今文化的融合。他认为要更好地传承楚式漆艺，就应该让这项传统技艺与现代生活环境相适应。

（撰写　姚伟钧）

湖北省省级非物质文化遗产

囊匣制作技艺

扫一扫
观看囊匣制作技艺视频

囊匣是我国的传统手工艺品，也是我国最早的包装装潢工艺品，是为各类器皿、文物、古玩、字画单独设计制作的安全美观的工艺锦盒。种类有囊匣盒、抽盖盒、字画盒及其他的工艺礼品盒。其外形古色古香，内囊令人赏心悦目，独特的设计和制作蕴含浓厚的书香气息。

其起源可追溯至唐宋时期，历史文献《唐六典》、宋《翰墨志》中均有相关记载。明代《装潢志》一书中详细地记载了当时江苏苏州、扬州各地装潢工艺和加工工具的制作方法，其中就包括了囊匣制作工艺。近代的京、津、沪、汉，由于地理位置特殊，繁荣的商业带动了古玩业的兴旺。当时家境殷实的人家，都有一些视作宝贝的文物、古玩，他们需要的文物保存装置，不仅要方便适用，而且要美观大方，体现自己的艺术品位和文化修养。因此，囊匣制作一时兴盛。

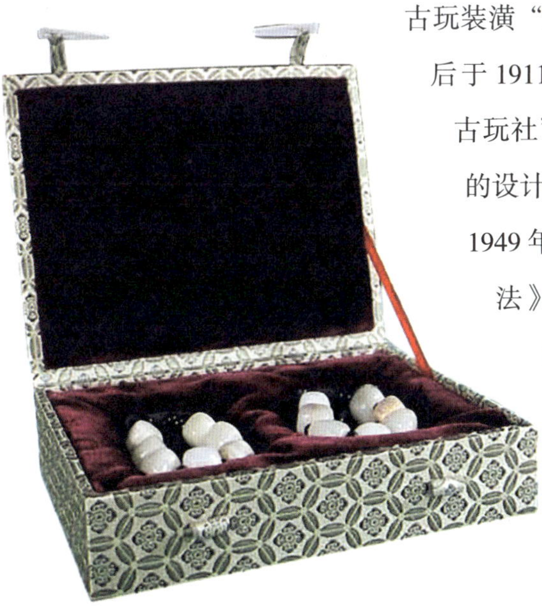

扈氏囊匣制作技艺的创始人扈永松，1907年学艺于原上海古玩装潢“詹元记古玩装潢店”，学成后于1911年独立开创“扈永记装潢古玩社”，专门从事各类古玩装潢的设计和加工。因技艺精湛，承制1949年中华人民共和国第一部《宪法》的书函盒。1959年，北京故宫曾发函特邀扈永松北上，但因扈永松身体状况终未成行。1958年，扈

扈氏囊匣第一代制作人扈永松和第二代制作人扈桂仙合影

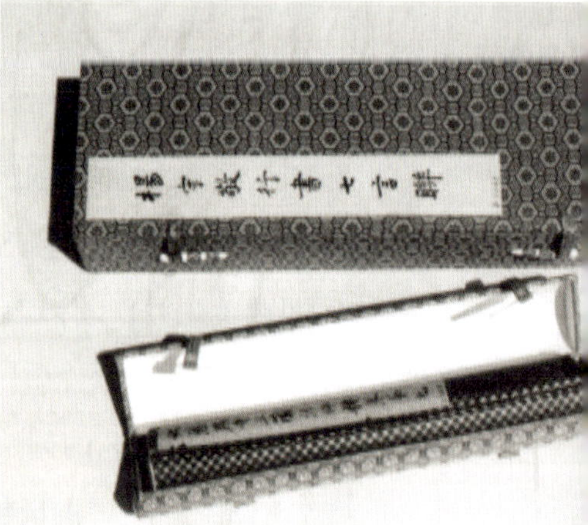

氏工艺传人扈桂仙受武汉东风印刷厂的邀请来汉，该厂是当时武汉市民政局集资兴办的国营工厂，由此将囊匣制作技艺带到武汉。目前，这门技艺由扈桂仙之子扈啸传承。

扈氏制作的文物囊匣古色古香、书香味浓，独具匠心的设计制作使得囊匣本身就是与作品相得益彰的艺术品。和许多传统手工艺一样，囊匣制作工艺的手工心法，言传身授，代代传延。由于囊匣制作工艺依托古玩、艺术品等文化市场，又是纯手工技艺，扈氏传人扈啸之后，未有继承者。

扈啸口述

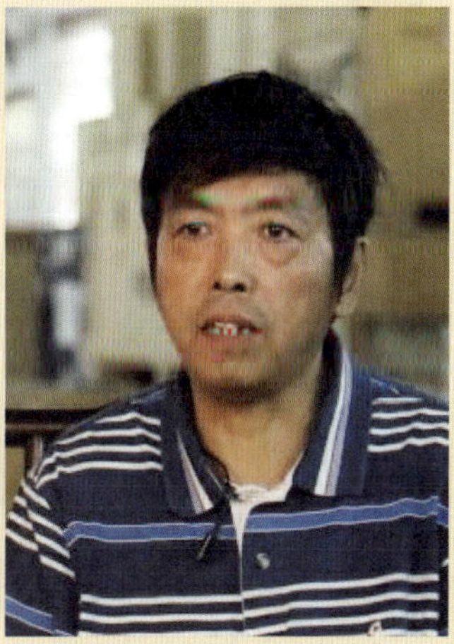

扈啸，生于1963年，“囊匣制作技艺”省级代表性传承人。扈啸1981年开始随父亲扈桂仙学习“古玩装潢”技艺。从青葱少年到如今知天命之年，所有的青春与汗水都洒在了一间小小的工作室。一个个囊匣从丈量文物、设计尺寸、裁剪外盒、制作内囊，每道工序遵循祖制，为国家文物制作最后一层外衣。

19世纪初上海有一家詹元记，有古玩装潢这个手艺，就是为精美的古玩做一个盒子。我的祖父19岁时就去上海专门学习古玩装潢的手艺，学成了以后在上海开店，也是专门做古玩装潢。我的父亲从小就耳濡目染，接受了这个教育，所以囊匣制作是我家家传的手艺，从我祖父开始传给我父亲，又传给我。我是1981年开始跟我父亲一起到省博物馆，一边做学徒，一边开始接触囊匣制作工作，从那个时候算起到现在有三十多年了。

我们做的囊匣和市面上所看到的所谓的礼品包装盒是有根本区别的，囊匣和包装盒在外形上看有些相似之处，但其实无论从工艺、用料，以及它的结构，都不一样。传统的文物囊匣盒，分为外盒和内囊两个部分，外盒是起外包装作用的，内囊就是依据文物和古玩的形状造型，让器物躺在文物内

囊里面，保证不摇不晃。实际上严格来说，我做的这个手艺啊，有一个专称，叫古玩装潢。凡是古玩，我们都可以依据文物的质地、造型、色彩，设计一个盒子，让它在这个小小的空间里面，最大限度地展现自己的艺术性。

由于过去工业水平比较低，我们做囊匣主要采用的是黄板纸，把它按照一定的需求对裱，或者三层一裱，或者四层一裱，这就是初步加工。现在由于黄板纸的生产污染比较重，我们就尽量少用黄板纸，而是采用新的材料——工业纸板，就是我们常说的封面纸。它是在大机器的生产下，一次性成型，硬度和光滑度远远超过了我们用传统方法加工的黄板纸。今后我们在这方面还要进行探索，研制更好的材料，目的就是一个，保证文物的安全。

囊匣外盒的制作首先是要把文物进行丈量，得出一个囊匣的尺寸，然后在厚的工业纸板上面，进行放样，做上标示，标示画好以后，再在机刀上面依据标示把它裁割下来，裁成六面，就是囊匣的长宽高。这样囊匣的外盒就可以算裁好了。外盒裁好了以后，按照一定的比例，预先将骨签的位置标出来，画上线，然后打孔。外盒钉好以后，我们要用宋锦和糨糊，把它裱在我们的外盒上面。

囊匣制作最关键的，是做文物的内斗，它是上宽下窄、能与外匣形成隔层，缓冲外力对文物的震荡和撞击。内斗做好了以后，沿着内斗的底和周边，

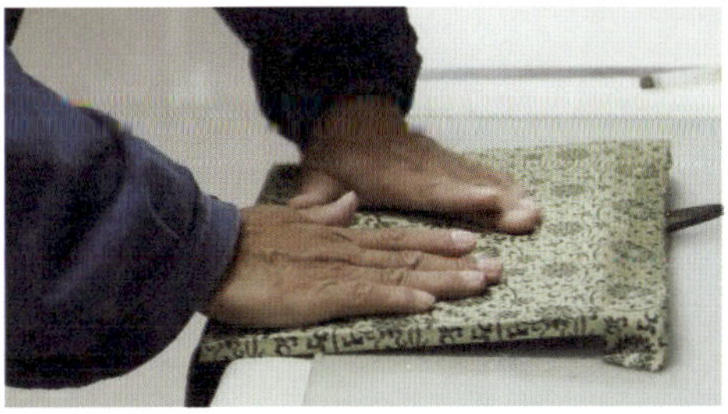

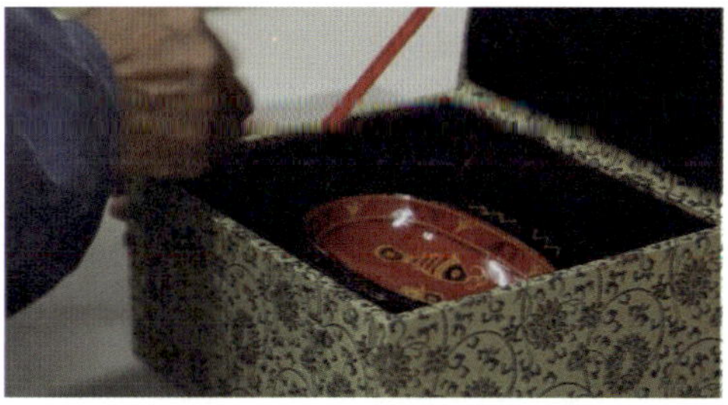

把棉花轻轻地附着在里面，起固定内囊造型的作用。有了大概的造型以后，就可以把文物轻轻地放进去了，再沿着周边把棉花整理好。最后一步，在上面轻轻地铺上一层金丝绒，让棉花固定在内斗上面。然后围着周边，粘上墙纸，围上围条，最后再整理一下，把器物放好，轻轻地把上盖合起来，这样一件囊匣盒就做好了。

我对囊匣制作的要求很高，严格按照传统设计和方法来做，所以我有时候也觉得自己很孤独。有一个收藏家跟我说，你这样不对，你要培养人，你一个人，就算浑身是铁，也打不了几个钉子。你这样长期做下去，你的技艺会很好很好，越做越精，但是如果你不能做了，这门技艺就失传了，你就把这项技艺给毁了。现在，我愿意把这个技艺教给年轻人，我也想学习现在的一些高科技，把我这么多年的经验，用图片的形式、用现在的语言、用年轻人或者今后人能够接受的方式，记载下来，详详细细地写下来。这些图片、资料、影像，会为以后从事这项技艺的人带来帮助，也不至于因为我不做了，让这门技艺断档。我想我能做好这件事情，我也争取把这件事情做好。

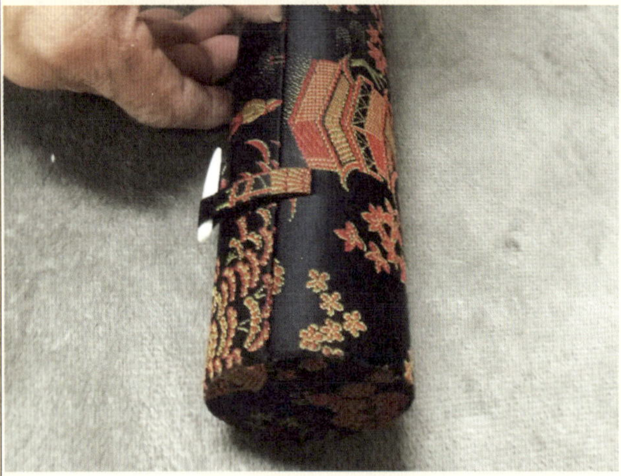

专家点评

囊匣是我国传统手工艺品的重要组成部分，也是我国最早的包装装潢工艺品，具有一定的艺术欣赏价值。

在古代，囊匣制作多以楠木、红木等木材为原料，这些材料既坚固又可防蛀。但是也受到方方面面条件的限制，工艺技术发展很慢，精湛的手工艺技术也很少以文字记载的形式流传下来。据史料记载，到了明清时期，匣式文化有了很大的发展，开始用纸板作为制匣的板材；用丝织锦、缎作为囊匣的外包装材料；用绫子、丝绸做内衬材料，以优质纯棉物作为防震的缓冲材料。因为锦囊能有效地防止紫外线对文物的直接照射，减少或避免文物的曝光，防止有害气体及虫害对文物的腐蚀、损害，减少高温或潮气的浸入，能使文物可能产生的变质得到控制。锦囊有一定的体积和相应的硬度，而今我们用囊匣包装、存放文物，既便于文物的排架、编号、提取、搬运，又减少或避免了人为因素而造成的损失。囊匣也是目前最理想的保护文物装置，有利于延长文物寿命。

省级非物质文化遗产名录扈氏囊匣制作技艺传承人扈啸，随父学艺多年，1990 年受武汉博物馆的邀请，为 100 件即将出国展览的文物制作囊匣。他第一次独立完成设计制作，前后做了大概四个月。此后，随着技艺的提升，扈啸对囊匣的制作工艺要求更加精细。目前，湖北省博物馆和武汉博物馆用于存放文物的囊匣共计 2 万多个，全都出自扈啸和父亲之手。

（撰写　姚伟钧）

湖北省省级非物质文化遗产

蔡林记热干面制作技艺

在大武汉美食小吃中，能将武汉人热情、爽快、爱面子的性格特征与美食特性有机融合的，当属热干面。蔡林记热干面以其“爽而劲道、黄而油润、香而鲜美”的特色而闻名。

相传20世纪30年代初期，汉口长堤街有个名叫李包的食贩，在关帝庙一带靠卖凉粉和汤面为生。有一天天气异常炎热，不少剩面未卖完，他怕面条发馊变质，便将剩面煮熟沥干，晾在案板上，一不小心碰倒案上的油壶，麻油泼在面条上。李包见状，无可奈何，只好将面条用油拌匀重新晾放。第二天早上，李包将拌过油的熟面条放在沸水里稍烫，捞起沥干入碗，加上卖凉粉用的调料，热气腾腾，香气四溢。人们争相购买，吃得津津有味。有人问他卖的是什么面，他脱口而出，说是“热干面”。从此他就专卖这种面，人们不仅竞相品尝，还纷纷向他拜师学艺。在众多学艺的人中有个叫蔡明伟的食贩，他不仅学了技艺，还看准了其中的商机，于1928年在汉口满春路口开了一家面馆，取名为“蔡林记热干面馆”。

扫一扫
观看蔡林记热干面制作技艺视频

蔡明伟不拘泥于李包的原始操作，针对食客的评价不断改进制作技艺，使蔡林记热干面成为一种风味特异的新面食品种。

“蔡林记热干面”先后被授予“中华名小吃”“最佳汉味小吃”“中国名小吃”和2013年“十大名面”等称号，在中华特色面食的评比中获得金奖。

除了价廉物美、制作快捷、口味独特外，热干面更重要的是凝聚了武汉人热情、豪爽、讲面子的个性，成为和黄鹤楼、归元寺一样享誉全国的武汉的又一张名片。

王永中口述

王永中，1962年出生，“蔡林记热干面制作技艺”省级代表性传承人，中国烹饪大师。1989年参加武汉市首届筵席点心表演赛，获全能第一名。他结合现代人的口味需求不断创新，拓宽了蔡林记热干面的品种。

20世纪20年代初，武汉还没有热干面，老武汉人过早大多吃切面。切面是热干面的前身。当时汉口长堤街有个叫李包的人，原来是卖汤面和凉粉的，他的凉粉作料里面有芝麻酱。有一次，因为天气热，他怕面条放坏了，就把面煮熟了以后，放在案板上摊凉，不小心把装芝麻酱的罐子弄倒了，芝麻酱泼倒了面条上。他觉得非常可惜，第二天把面条烫了一下自己尝尝，结果发现非常好吃、非常香。后来别人问他这是什么面，他一想，在锅里一烫是热的，放到碗里是干的，再淋上各种调料、芝麻酱啊，就随口说了句：热干面。

我的父亲和母亲都是做饮食行业的，我高中毕业后，就顶职到德华楼工作，做面点，做了36年。热干面是面点中的一种。我从小喜欢吃热干面。作为面点师傅，我想把热干面做得更好，就翻了很多原来老蔡林记有关热干面配方的记录，总结了前人的经验，也结合了现代人的口味，让武汉市或者全国人都认为我们的热干面是最好吃的热干面。

制作热干面的面粉要选用优质的高筋面粉，面粉里要放入食用碱，还有鸡蛋，增加面的劲道。和完面后，要盖上一块湿布，让面团醒发半个小时。手工热干面在擀面上很有讲究，面饼要擀得厚薄适中，切面必须粗细一致。煮面时要点三次水，叫“凤凰三点头”，保证里面的都熟了。外面很多人说热干面是八成熟，那是不对的。待面条全部煮熟后，就可以起锅了，趁热淋入香油拌面，把面条拌开，要根根都散开，无粘连。

热干面讲究一个干、一个热。会不会吃热干面要看你会不会拌面。拌面很讲究的，曾经有个对联写：“三星高照久久长”“五颜六色拌拌

香”，要把面拌均匀，从下面拌到上面，还有种说法是：“三转九拌面面香”。

热干面做法虽然简单，但想要做到万人喜爱，除了面条要劲道外，作料中最讲究的就是芝麻酱了。我记得元朝太医写的一本书叫《饮膳正要》，其中介绍了芝麻。他说芝麻分两种，白色起油，最佳的是黑芝麻。我们用的就是黑芝麻酱。磨芝麻酱有很多道工序，从筛选、清洗到炒制，很讲究的。芝麻炒过了就糊了，炒嫩了就没有那种香味，所以炒芝麻讲究一个火候。再就是磨制，越磨越香。

随着人们生活水平的提高，传统的热干面有了非常多的品种，我们的创新，就是不断提高它的品质，让它更加多样化，让别人知道你比原来做得更好，让来武汉的外地人都能吃上一碗香喷喷的热干面，让热干面成为武汉的名片，这也是我们作为武汉人的骄傲和荣誉。

专家点评

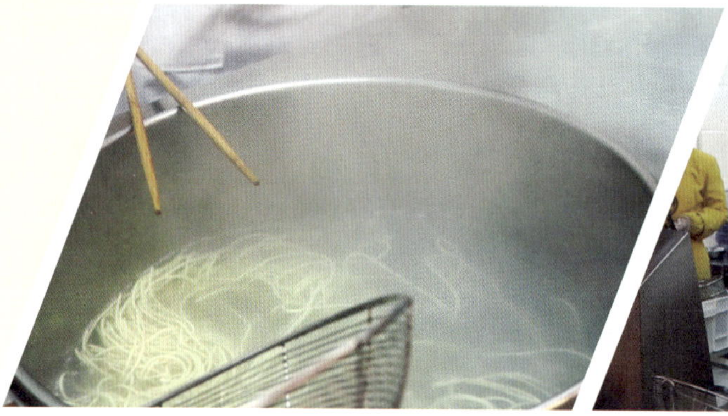

现在，武汉三镇大大小小的餐馆、面食摊子都有热干面供应，但是，吃热干面一定要选正宗的老字号。武汉热干面最负盛名的当然要数“蔡林记”了。在武汉甚至流行这样一句俗语：“不到长城非好汉，到了武汉，不食蔡林记热干面，好汉也遗憾。”足见蔡林记热干面的魅力之大了。

当年，老板蔡明伟对“蔡林记”的经营颇具匠心，不仅请当时来自山西的书法家路达题写了“蔡林记”金字匾额，对面条和酱料的调制更是追求精益求精。从和面、掸面、烫面、配料、芝麻酱制作等工序对热干面的制作工艺反复改进，如选用上好的精白面粉，和面时控制准下碱量，变手工擀面为机器压面，反复轧成筋道光滑的细圆长条；面条小批量用旺火猛煮，刚熟就捞起，随即抖开吹凉，拌匀芝麻油，薄薄摊放 8 小时；佐料中添加小虾米和叉烧肉丁，用白胡椒粉取代辣椒面，芝麻酱用小磨香油调匀，还要浇点香卤汁，并且用上了当时价格昂贵的

味精。这样一包装，蔡林记热干面就鸟枪换炮，今非昔比，档次跃上一层楼：面条纤细秀美，根根筋道有咬劲，黄亮油润爽口，香醇鲜美耐饥。它既不同于凉面，又不同于汤面，还有别于捞面，可以说，热干面的创制使中国的面条家族又增加了个风味特异的新成员。

省级非物质文化遗产名录蔡林记热干面制作技艺传承人王永中，是武汉首届筵席点心比赛全能冠军，从烫、子、发、酥各种和面技能，到西式点心、面塑造型、制馅，到风味小吃，样样精通。他在传承蔡林记热干面的同时，不断地发展和创新蔡林记热干面，他的名言是：“用最好的原材料做最好的热干面”。

（撰写　姚伟钧）

湖北省省级非物质文化遗产

高洪太铜锣制作技艺

提到武汉铜锣发展，要追溯到清朝乾隆年间，当时武汉就已经是全国铜响器的制作中心。汉锣与京锣、奉锣、苏锣一起，并称全国“四大名锣”。“高洪太”是汉锣中最响亮的一面旗帜，它的创始人名叫高青庵。

光绪八年（1882 年），高青庵生于黄陂高家河一户地主人家。12 岁时到汉口舅舅家的锣店学艺，做学徒的日子一直持续了 20 年。1914 年，舅舅的店铺经营状况不好，高青庵回老家借出一笔钱，将店铺盘了下来，在他和弟弟高太安的名字中各取一字，组成店名“高洪太”。

那时的“高洪太”位于汉口长堤街 262 号（当时的门牌号），前店后厂，自产自销。民国二十年 (1931 年)，又自设作坊生产锣等响器，初生产班锣、马锣等小件，后扩大产品 20 余种，抗战期间，因铜、锡等材料缺乏而停产。日本投降后，1946 年，高青庵令高徒高永运为梅兰芳剧团潜心研制成声似虎啸、响而

扫一扫
观看高洪太铜锣制作技艺视频

不躁的“虎音锣”，在业界声望大增。“千锤打锣，一锤定音”，手工操作、灵活运用技巧、准确定音，这是“高洪太”的不传之秘。

1979 年，世界著名乐团指挥小泽征尔率领美国波士顿交响乐团来中国访问，中央乐团决定赠送该团一面锣作为礼物。高洪太利用质优的口碑将这活揽下，制作出一面直径 1 米的大抄锣。波士顿交响乐团在首都体育馆的首演式前，演奏团员敲响了这面锣，全场为之轰动。波士顿乐团将锣带回了美国。这也是高洪太铜锣第一次走向世界。

1985 年，日本名古屋市长西尾喜武写信给时任武汉市市长吴官正，希望高洪太锣厂能为他们做一面世界上最大的锣。锣厂工人历时近三个月，终于制成了两面，其中一面于 1986 年送往日本。这面抄锣直径 143 厘米，声似春雷，气势磅礴。名古屋市长十分珍视，并把这面锣取名为“武汉”。另一面直径 160 厘米的抄锣至今依然放在高洪太锣厂里。

“高洪太”品牌因此闻名遐迩，享誉海内外。“买锣要买‘高洪太’，买药要买‘叶开泰’，买伞要买‘苏恒泰’”，成为风靡一时的歌谣。2007 年 6 月，“高洪太铜锣制作技艺”被湖北省人民政府列入第一批省级非物质文化遗产。

武汉市锣厂：
在一九九0年全省少数民族用品先进企业
被评为先进企业。
奖状
武汉市锣厂
全国轻工业优质产品特发证书
以资鼓励
奖状
你厂生产的
总分第一名，发此奖状

陆国年口述

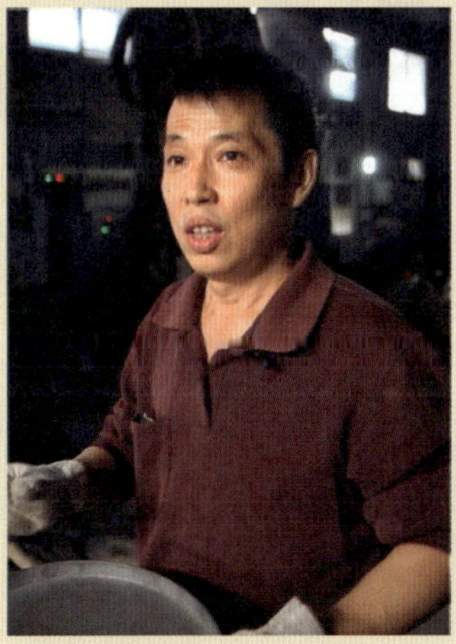

陆国年，“高洪太铜锣制作技艺”省级代表性传承人、“高洪太”传人。他用精湛的定音技术向世人证实，这个百年老字号代表着武汉铜响器市场的峥嵘岁月。

我的老家在黄陂农村，父亲是锣厂的职工。20世纪80年代初，我父亲退休，我就顶他的职，到锣厂工作了。当时只有16岁，被安排到校音车间跟着熊中山师傅学徒。开始学习校音的时候，看着蛮简单，但是一上手操作，就知道蛮难，手跟墩子、锤子，配合不到一块去，打在上面乱蹦乱跳。第一个礼拜，拿锤子的力用得不对，吃饭的时候，拿筷子都拿不住。

后来学定音，要求还高一些，什么样的锣要打出什么样的声音，有一定的标准，要听得准。开始的时候蛮难听出来，慢慢地，听听听，经过一段时间之后，就基本熟练了，那个音就成了一个模子打进去了。

做锣，我印象最深的一次就是，看见我们厂的一些老师傅给日本做一面大抄锣。当时在打片那个环节，十几个人围着那个炉子。在这之前从来没有做这么大的锣，工人师傅对做这个锣非常非常谨慎，戴着手套，手上都烤满了水泡，整个过程相当辛苦，场面蛮震撼。消音这一块，我只能戴个手套，帮忙搭个手，拖一下。当时我就有一种感觉，我想一定要赶快好好学，能够以主力的身份参与进去。那一面锣直径有 1.43 米，60 多公斤，送到日本后反响很大、很好。他们为了感谢高洪太锣厂，把这面锣起了个名字，叫“武汉”。

我们高洪太铜锣制作的第一道工序叫熔铜，就是把纯的电解铜、99.9% 的锡，按一定的比例熔解。这个比例很关键。铜锡进入炉子之后，差不多有 1000 多度，才能充分熔解，达到温度后，才能倒成铜坯。

第二道工序叫作制片。通过熔铜得到铜坯子之后，工人师傅用空气锤进行锻打，根据锣的品种，打出相应的尺码、厚薄，由铜坯制成片子。

下一道工序叫成型。把片子放到电炉里加温，用剪片机把毛边去掉，再放到压力机上，压成一个锣的形状，之后用一定浓度的盐水浸泡，再来加温，最后淬火。淬火的过程，是一个化茧成蝶的过程。

淬火之后，进行校音，把铜锣整平，上劲，整圆，抛光。定音是制锣的最后一道工序，也是最关键的一道工序。毛坯锣，只有一个基本音，很硬。定了音之后，铜锣的音就变得柔和、圆润、集中，吃锤省力。

“高洪太的铜锣——响当当”，这曾经是武汉商界的一句歇后语。20 世纪

90年代以后，不能批量生产，适应不了市场需求，高洪太一度陷入困境。后来，很多技术工弃铜锣而去。但是我坚持下来了，我热爱这份工作。现在一般人觉得锣声很吵，觉得铜锣制作没有什么意思，但是对我来说，做了这么多年，对它是有感情的。铜锣和戏曲可以说是鱼跟水的关系：如果戏曲没有锣的话，戏就唱不下去了；没有戏曲，我们的锣做出来就没有价值。

专家点评

早在清代乾隆年间，武汉就是全国铜响器制作中心之一。具有浓厚地方风格的汉锣，与苏锣、奉锣、京锣并称为我国“四大名锣”。而作为汉锣代表作的高洪太铜锣，更是以音质纯正、发音洪亮、起手灵活、吃锤省力、调门准确、造型优美、品种多样而驰名中外。2007 年，在湖北省人民政府公布的第一批省级非物资文化遗产名录中，久负盛名的高洪太铜锣制作技艺名列入选的传统手工技艺项目的首位。

手工制作，保质少量，是自创造高洪太传奇的高青庵起就一直延续的理念。高洪太铜锣的制作要经过熔炼、制片、成形、淬火、校音、车刮、定音七道主要工序。产品质量检验，要凭眼看、手摸、耳听。高洪太铜锣的手工制作技艺，经过不断改进，一直沿用到今天。第一道工序是铸造，铜锡原料有严格比例，配方是一代代传下来的。制片在铜响器制造过程中非常重要的，采用的是“旋转锻打，横向走锤”的传统工艺，何处薄、何处厚很有讲究。片制好了以后，经过检测可以做到心中有数，下面就是成形了。一锤又一锤的敲打，一面铜锣就有了基本的模样。淬火的关键是掌握火候，火淬不好，连音都发不出来。

“千锤打锣，一锤定音”，定音这一步不一定要锤很多，有时很关键的一锤，锣的好坏基本上就能定出来。省级非遗项目传承人陆国年在高洪太工作了 36 年。陆国年是定音师，他的定音技术向世人证明了高洪太铜锣的精湛技艺。

（撰写　姚伟钧）

武汉市市级非物质文化遗产

四季美汤包制作技艺

1922年，汉阳（今蔡甸区）人田玉山在汉口花楼街段的交通巷侧巷创立了“四季美”汤包馆（当时称为“老四季美”）。田玉山颇有经营天分：14岁就以10串铜钱当本钱，摆开小摊卖牛杂碎。15岁改卖水果，只用了五六年时间，便自称为“王”，在摊点上大模大样地挂上了“水果大王”的牌子。尔后又将水果摊位改成饮食经营，经营四样品类：春炸春卷，夏卖冷饮，秋炒毛蟹，冬打酥饼，一年四季都有受街坊邻居喜爱的吃食供应，老字号“四季美”店名由此诞生。后来，他请来了南京厨师徐大宽，开始做起了小笼汤包的生意。田玉山为让徐大宽的小笼汤包在林林总总的汤包中脱颖而出，拜访了武昌首义中学的陈映梅老前辈，陈老满腹诗书，尤擅长行草书法，亲笔为田玉山书写了“四季美”的招牌。从此，“四季美汤包”的招牌犹如桂花飘香，美名远扬。

扫一扫
观看四季美汤包
制作技艺视频

中华人民共和国成立后，1956 年公司合营，政府将花楼街原址搬到中山大道 898 号。四季美汤包经过徐大宽、钟生楚、徐家莹等传承发展，总结出汤包制作技艺的特征：“面熟碱准水适当，节准量足一样，边薄中厚扦圆形，馅子挑在皮中心，花细均匀鲫鱼嘴，轻拿轻放要摆正，火候时间掌握准”；在质地上具有皮薄、馅嫩、汤鲜、味美的特点；在外形上具有花匀、汤包口呈鲫鱼嘴的特点，使色、香、味、形各方面臻于完美。

武汉四季美汤包将南方的汤包品种移植到湖北武汉，丰富了武汉的美食小吃品种，成为与天津“狗不理包子”、上海“南翔汤包”、扬州“富春汤包”齐名的武汉特色小吃之一。武汉四季美汤包曾受到毛泽东、周恩来、金日成等中外领导人的赞赏，1990 年、2006 年、2007 年三次荣获全国饮食品最高奖“金鼎奖”。其传人钟生楚被评为国家特级白案厨师，徐家莹被中国商业联合会、中国烹饪协会评为中国烹饪大师。四季美后因修建地铁停业，老店四处漂泊。近年来，经历了不同模式的探索并开设多家分店，经历了老字号传承中新旧观念的碰撞。

徐家莹口述

徐家莹，1952年出生，“四季美汤包制作技艺”市级代表性传承人，中国烹饪大师。她先后师从汤包大王、特级厨师钟生楚和特级厨师虞东海，在汤包创新和白案面点技艺传承上，做出了突出的贡献。2007年在西安举办的第二届中国餐饮博览会上，徐家莹独创的西红柿汤包第三次轻松拿下金鼎奖。当时，在武汉，三获金鼎奖的餐饮企业，四季美是独一家。

我出生在武汉市，小时候就到四季美品尝过汤包。当时四季美的生意还是比较红火的，但是汤包的品种比较单一，就是一般的鲜肉汤包。那时饮食比较匮乏，所以四季美的汤包给我留下了比较深刻的印象。

1970年我从农村回来分配到四季美，做白案，跟汤包大王钟生楚学做汤包。他手把手教我，言传身教，对我要求最严格。我也是个比较刻苦的人，每天上班从头忙到尾，虽然很累，但还是踏踏实实、勤勤恳恳地工作。都说“师父领进门，修行在个人”，师父会教你怎么样做、怎么样入门，但是要怎么样把它做好做精，要靠你自己，要有悟性，要有钻研的精神。会做不难，要学精还是蛮难的。很多时候师父不会跟你讲原因，不会跟你讲道理，只会告诉你，要这样做。我就按照师父说的去做，然后自

己悟。最典型的一个例子，有一次，我们接到一个到东湖去做汤包的任务。其实别人是中餐的时候要吃汤包，但是我们师父八点多钟就要别人派车来接我们过去，到那边才九点钟。师父就要我和面，把面和了以后我就问师父，这么早和面做什么呢，别人中午才吃。师父就说，你先把面和着。到了十点钟左右，他又要我把面揉一遍，到了十点半又揉一遍。那个时候没有机械，都是靠手工，靠人工做。这样三次下来以后，到了十一点钟左右有客人来，我们才开始做汤包。当时不知道为什么要这样做，后来我自己悟，就觉得，这个里面有他的道理，一个是更劲道，一个是通过面团里淀粉酶的作用，使得汤包皮更薄。为了学到白案别的技术，我利用业余时间参加培训班，所以我的技艺是从方方面面学来的。

1958年11月28日，中国共产党八届六中全会在武汉召开，会议期间，党和国家领导人毛泽东、刘少奇、邓小平等曾多次品尝四季美汤包，备加

称赞，这个事情对于我们四季美人来说是非常自豪和备受激励的。以前还有一个说法：“到武汉不吃四季美，枉做三镇游”。

我们四季美的汤包在选材、用料及做法上可是大有讲究的。就以制作美味的蟹黄汤包为例，首先要选用鲜活而硬实的湖蟹，因其肉质细腻，带有甜味，然后将蟹黄、蟹肉取出，经过加工，制成汤包馅心。待它在汤包里蒸熟之后，那脂膏浓厚的皮冻便化为汤汁了。汤包的皮也是一点都马虎不得，必须用上等的精白面粉，揉、捏上劲之后，搓成长圆条，再揪成一个个的面团，擀成边薄中厚的汤包皮子，然后挑上馅料，每个包子33克，33克里包括8.5～9克的皮子，其余就是24克的肉馅，只允许上下浮动1克。汤包成形呢，应该做出23个左右褶子。我们四季美汤包跟一般的汤包不一样，它会留个口子叫鲫鱼嘴。原因一个是在蒸制过程中留一个气孔，第二个是在成熟后，里面可以灌上一点醋，解腻、增香，也可以增加食欲。

汤包的蒸制需要五分钟左右，根据经验看笼的旁边有回水，包子像灯笼一样鼓起来就好了。蒸熟的汤包，如果把它轻轻夹住以后，它底下是透明的，能

看到汤汁，吃汤包的时候应该轻夹汤包的馅料跟上面的口子，慢慢移到盘子里面以后，用勺接住，灌上一点醋。吃汤包用醋一个可以解腻，第二可以降低皮汤的温度，免得吃到嘴巴里被烫伤。先开一个口子把里面的汤吸出来，吸完汤之后加上一点姜丝，就可以把整个汤包放到嘴巴里。慢慢移，先开窗，后喝汤，然后蘸着酱料品汤包，这就是我们的口诀。

这几年，我儿子他们对四季美汤包在制作和营销等方面进行了改革和创新。但是我一直跟他们说，做我们餐饮业的，本不能改，根不能变。这个本，就是不能把有毒有害的原料，添加到我们的食品当中。在这基础上，现代人的需求是不断变化的，中西结合啊，再就是传统的和现代的结合啊，都是在不断地创新，所以只要大家有什么新的想法、新的创意，我都支持他们做。

张德隽口述

张德隽，四季美“创二代”，徐家莹之子。在中山大道吉庆街主持开设四季美新店，在汤包制作技艺上进行创新发展。

我之前是从事质检工作的。一方面是我自己对四季美有一种特殊的情感，一方面是看着母亲日夜操劳，也想为她分忧。当时我与母亲打了一个赌。因为修建地铁，95岁的四季美从江汉路上迁走，后来中山大道改造完成之后，老字号回归，我们在吉庆街重新开店。算了下预算，整个店简单装一下，可能要花费5万块钱。母亲就说，你如果做不到30万的销售额，那你花这5万块钱去装修什么的，就等于白费力气。我说我立下军令状，我卖40万。母亲就说，那好，你只要卖到40万就什么都听你的。结果后来在街坊四邻的捧场之下，确实卖得比较好。

其实现在很多顾客会跟我们讲，你们四季美的汤不多啊。对，我承认，因为汤包里的汤来自皮冻，按照我们原来汤包的要求，皮要化汤，肉要成球，这是我们汤包工艺的标准，肉馅是皮冻和肉混合在一起的，如果猪皮做的冻太多了，变成汤汁以后，汤包里的肉馅就不成球了，就散了。跟母亲多次提了以后呢，母亲还是非要坚持这个配比，那只有想一个办法，就是把我们的汤包做大一些，由 25 克的做成 33 克的汤包，那么汤汁就会稍微多一点，又能有汤又能有肉馅。所以目前可以看到，吉庆街店的汤包，小汤包也是 33 克的，比原来四季美 25 克的汤包有所改良。

做一行要爱一行。以前读管理学研究生的时候听说，一个企业唯一不变的就是创新。我们四季美 96 岁了，我希望它不是一种老态龙钟，而是一种老当益壮，还能够焕发活力，所以我就会想一些点子。比如说，四季美，有四季更迭、应季而生的寓意在里面，我们夏季就推出的栀荷饮，是用栀子花和薄荷做的一种饮剂，很清香，拓展成一个随着季节而变化的二十四节气饮。那么在汤包上面呢，四季美汤包跟晋江、江浙那边的汤包有渊源，于是我们就派人到那边切磋。现在我们也做了大汤包，好吃不好吃，不靠卖嘴皮子，原料上面见真章。现在我们的想法就是，在传统汤包上面就秉承传统，鲜肉汤包我们努力跟以前做的一样，一样的技法、一样的配比；对于创新，我们就通过增加品类的方式来变革。

母亲老一辈能够把这样一个将近一百年历史的牌子传给我，我有一种很大的责任感，想把它做好，让四季美这个牌子在我手上更亮、更辉煌。

专家点评

说起四季美汤包，江城老武汉的市民无不津津乐道。这种小笼汤包味美好吃，独具一格，确实名不虚传。“自然肥”发面，使汤包皮不吸汤，不粘牙，风味独特，脍炙人口。正如清人林兰痴赋诗云：“到口难吞味易尝，团团一个最包藏。外强不必中干鄙，执热须防手探汤。”这首诗突出地描写了汤包内藏热汤、到口难吞，且易烫手的特点。因此，当你初次品尝汤包时，千万要留意小心，切勿性急一口咬下去，而是要用筷子夹住后，先咬破包皮吸取汤汁，再吃包子，否则，吃法不当，汤汁喷出，就会烫伤嘴巴、弄脏你的衣服。

四季美汤包吃起来滋味香美，制作起来程序严格。第一步熬皮汤，做皮冻，第二步做肉馅，第三步制包，最后“一口气”火候，都要一丝不差。用料也很讲究，肉皮要绝对新鲜的，肉馅要一指膘的精肉，蟹黄汤包要用阳澄湖大鲜蟹等，不得以次充优。如此食鲜物美，自然备受江城人民的宠爱。

四季美汤包制作技艺经徐大宽、钟生楚、徐家莹等三代传承人的传承发展，总结出汤包制作技艺的特征：“面熟碱准水适当，节准量足个一样，边薄中厚扦圆形，馅子挑在皮中心，花细均匀鲫鱼嘴，轻拿轻放要摆正，火候时间掌握准，皮薄馅嫩美味鲜。”在外形上具有花匀、汤包口呈鲫鱼嘴的特点，在质地上具有皮薄、馅嫩、汤鲜、味美的特点。四季美汤包不仅是广受民众欢迎的风味小吃，也是贵宾宴席上的佳肴。在中共八届六中全会期间，毛泽东等中央领导同志曾多次品尝过“四季美”汤包，还有许多社会名流先后慕名而来品尝，一饱口福。

（撰写　姚伟钧）

武汉市市级非物质文化遗产

黄陂三鲜制作技艺

扫一扫
观看黄陂三鲜
制作技艺视频

黄陂三鲜又名黄陂三合、黄陂烩三合，是武汉市黄陂区的传统名菜，近百年来一直流行于民间。黄陂三鲜为肉丸、肉糕、鱼丸混合制作的菜肴。肉丸、肉糕皆以精细鲜鱼猪肉为料，鱼丸以精细鱼肉为料，精工剁炼，辅以配品佐料，加力搅拌，分别用油煎锅煮、笼蒸而成。鱼丸子色白，晶莹剔透，有弹性，状如玉珠，入口松脆；肉丸子色泽黄亮，泡脆清香；肉糕光滑亮脆、有韧性，含鱼丸肉丸双重风味，回味无穷。有首流传百年的美食歌谣这样唱："湖北名菜有三鲜，三鲜当数黄陂好；黄陂名菜有三鲜，三鲜当数罗汉好。"黄陂三鲜以黄陂西部罗汉地区、北部李集地区的最为有名，两地制作工艺大同小异，各有千秋。

黄宝庆口述

黄宝庆，“黄陂三鲜制作技艺”市级代表性传承人。17岁开始做三鲜，已经做了四十多年。其祖父黄庭祯是“黄陂三鲜”的创始人。黄宝庆出师那天，一人做了30桌酒席，得到乡亲们的认可。

黄陂三鲜的发明人是我的祖父黄庭祯，他的祖上在罗汉寺集镇上兴建了三座颇具规模的茶楼酒馆。1916年，黄庭祯开始执掌其中的宝庆楼。不久，他又受聘到一艘洋船上去做厨师。四年后，黄庭祯回到罗汉寺镇经营宝庆楼。他结合走南闯北烹饪各种菜肴的经验，又参考清乾隆年间武汉周边地区鱼丸、肉丸、肉糕的做法，用本地的原材料和独有的制作工艺，创造出了具有罗汉地域特点的黄陂三鲜。

黄陂三鲜中的“三鲜”分别是鱼丸、肉丸、肉糕，合而为一又称“黄陂三合”。做黄陂三鲜，选鱼非常重要，鱼一定要新鲜，一定要活鱼，然后里面黑色和红色的血水一定要洗干净，不然会影响鱼丸子的质量和颜色。鱼洗净斩杀之后，切下背侧厚实的鱼肉，剁碎，形成鱼茸，加入香葱的葱白、蛋清，

用适量的猪油、淀粉、盐等调味，顺着一个方向搅拌。鱼茸做得好与不好，就是看它糊不糊手、粘不粘手。将鱼茸搓成团扔进水里，浮不浮得起来，也是检验鱼茸是否搅好的一个诀窍。做好的鱼丸入冷水锅升温氽熟，等水沸腾，鲜嫩可口的鱼丸就做好了。

做好了鱼丸，接下来就是要制作肉丸与肉糕了。做肉糕，是用60%的肥肉、40%的瘦肉；做肉丸子，是用70%的瘦肉、30%的肥肉，这样炸出来的丸子会比较好吃。剁好肉馅，配上鱼丸制作时剩下的鱼红、蛋黄，和上淀粉及各种调料做成丸子，而后入油锅炸至金黄，出锅后滤掉表面上的油。不过，刚刚炸过的肉丸还不能够成为三鲜，需要把它放置到阴凉处晾干冷却。

肉糕的做法是用“蒸”，把调好味的鱼肉和肉馅拌匀，放进圆形的不锈钢蒸格，之前必须在蒸格底部垫上千张，避免肉糕与蒸格粘连。大火蒸制一个小时，香喷喷的肉糕就出锅了。

最后就是把这些鱼丸、肉丸、肉糕进行合烧，砂锅中加入鲜美高汤，发好的黄花菜、黑木耳、香葱，一道用了氽、炸、蒸、烧四种技法的黄陂三鲜就完成了。特点就是，肉有鱼香，鱼有肉味，食鱼不见鱼，吃肉不见肉，色香味美，清淡可口。

我的父亲教导我，像我教导我的儿子一样：心静，菜就能做好。别人说好，自己就很开心。

黄雄口述

黄雄，黄陂三鲜制作技艺第四代传承人，黄宝庆之子。从15岁开始跟随父亲学做黄陂三鲜，在父亲的制作技艺基础上，结合现代人的口味，进行创新发展。

从小就一直听我爷爷讲，黄陂三鲜的创始人是我们家里的老人，在整个罗汉是非常有名的。当时他在罗汉执掌宝庆楼，做得最多的菜就是鱼。因为很多人吃鱼的时候容易被刺卡，他就把鱼肉片下来，剁碎了以后做成鱼丸子，既是鱼，又是丸子，还没有刺，非常好吃。后来他又把鱼、肉结合到一起，发明了肉糕、肉丸子，口碑都非常好。黄陂三鲜就这样被传开了，距今已经有100多年历史了。在我们黄陂当地流传着一句老话：无陂不成镇，无三鲜不成席。

我从15岁开始就跟着父亲做黄陂三鲜，当时很敬佩父亲能一次做50桌酒席，希望有一天也能继承他的好手艺。到后来我一个人也能做30桌酒席了，并且客人都很满意，觉得味道不错，让我感觉很欣慰，菜做成功了。

这个工作很累人，很脏，又不能按时吃饭，起早贪黑，从早晨拿刀一直拿到晚上，手都拿酸了，还一直不能停，并且逢年过节别人都在家，我们要在外面做酒席。有一段时间我很想不做了，想出去打工闯一闯，但是父亲一直教我老老实实做人，把祖辈传下来的手艺学好，所以就这样坚持下来了。

我现在也是两个孩子的父亲了，我觉得一定要让他们把黄陂三鲜这个技艺学好，继续传下去。我觉得会做黄陂三鲜是一个无比自豪的事情。黄陂三鲜里的鱼丸子代表的是年年有余，肉糕代表的是步步高升，肉丸子代表的就是团团圆圆。吃黄陂三鲜吃的不仅仅是浓香四溢的年味，还有当地人对来年年年有余、合家团圆、步步高升的美好期盼。

专家点评

黄陂三鲜是湖北武汉市黄陂区的地方传统名肴，已经流传数百年。三鲜是鱼丸、肉丸、肉糕三样菜合而为一的统称。三样菜既可单独成菜，也可三样合一。当地过年或红白喜事，都会有这样的菜上席。老少皆宜，清爽可口，素有“没有三鲜不成席，三鲜不鲜不算好”之说。三鲜各有制作传统技艺。黄陂三鲜也称“黄陂三合”，制作工艺繁复讲究，精湛细致。

鱼丸选用鲢鱼（草鱼、鳡鱼），取白色鱼肉剁茸，配上蛋清、葱白、姜汁、猪油等十余种佐料精制而成。肉丸选用猪腿前夹肉剁碎，配上鱼茸（鱼红，鱼肉中红色部分，系做鱼丸子剩下的材料）和各种调料，酥炸而成。肉糕的原料和肉丸相同，但做成糕状，蒸制而成。三菜合烧，鱼有肉味，肉有鱼香，别有风味。

黄宝庆与黄雄父子是这项武汉市非物质文化遗产名录黄陂三鲜制作技艺的第三代与第四代传承人。他们觉得会做黄陂三鲜是一个无比自豪的事情，因为黄陂三鲜中有鱼、丸、糕三字，鱼与余谐音，龙的方音为丸，糕与高同音，人们便赋三合以年年有余、家家团圆、步步高升的寓意，为图吉庆，年节必备。他们父子的工作不仅给大家带去了美味的饮食，也带去了吉祥。

（撰写　姚伟钧）

湖北省省级非物质文化遗产

传统榨油技艺

距今3800年的盘龙城文化，被专家学者论证为“华夏文化南方之源，九省通衢武汉之根”。盘龙城遗址为中国古代城市遗址，位于湖北省武汉市黄陂区盘龙城盘龙湖畔。面积逾3.78平方公里的盘龙古城遗址周边，分布着居民手工作坊遗址。在杨楼子塆，就发现了杨氏油坊的古遗址。杨楼子湾油坊遗址位于杨楼子塆北1公里，濒临后湖，依山傍水，风景秀丽。该油坊建于1558年明朝嘉靖年间。同时出土了大量的生产工具和器物，很好地展现了古代传统榨油的工艺特色和生产流程，是黄陂古代榨油工艺的起源地。

明洪武二年，杨楼子塆杨俊杰举家由江西迁往黄陂定居，并以漕运油料、粮食为生。一次，在盘龙湖畔偶遇狂风，经祷告后脱险，全船货物皆失，仅剩一小堆芝麻和油菜籽。以为是上天点化，从此土法上马，建房立榨，采取来料加工、挑油转乡、批零兼营等多种形式服务乡民。杨楼子榨坊榨油工艺以芝麻、花生、

扫一扫
观看传统榨油技艺视频

菜籽、等油料为原材料，用木质卧孔榨为主要榨油工具，采用人工火炒、牛碾、灶蒸、脚踩箍饼、上榨、夯挤、沉淀等传统工艺榨取食油的制作工艺。榨坊历经十三代传人，至今已有 400 多年的历史。2011 年，黄陂杨楼子塆榨坊榨油技艺入选第三批湖北省级非物质文化遗产名录。

杨德元口述

杨德元，1969年出生。黄陂杨楼子墩榨坊榨油技艺省级代表性传承人。高中毕业后与父亲杨五一在杨楼子墩榨坊榨油，学习传统榨油方法。现任杨楼子榨油公司总经理、武汉杨楼子老榨坊博物馆馆长。

我们这个老榨坊创立于明朝嘉靖三十七年，也就是公元1558年，这是我们家谱上的记载，距今已经有450多年了。我家祖辈那个时候是在黄花涝做漕运，给别人运一些谷子、油啊，因为风险很大，就改行榨油了。我只有几岁的时候，就天天到我们老榨坊去玩，真正地去榨坊学榨油是17岁。

黄陂盛产油菜、芝麻、花生、黄豆、向日葵、籽粒等，都是榨油所需的原料。古法榨油不是轻松活，得经过上十道工序才能最终榨取到食油。就以芝麻为例，首先把芝麻收进来之后，先筛选，筛选一道之后要炒，炒熟了以后还要分一道，把炒煳的末子分掉，分好了以后用碾碾碎，碾得用手捏着能够像个汤圆一样。

菜籽经过炒、晾、磨成粉末后，需要快速蒸制、软化，提升出油率，然后做成圆形的油饼，等待榨油。

做好的油饼，放入米长的榨膛中，用木块填充其余的部分，用重达 120 斤撞锤敲打镶嵌在木块缝隙里的木楔子，对榨塘中的坯饼施加巨大的压力，使得油汁渗出。早在 1500 年前的农学著作《齐民要术》中就有记载，炒、磨、碾、蒸、踩、撞，为最古老的压榨制油法。

老榨坊最少得三个人，从早上六点多开始，到中午十二点钟，一榨油，就得六个小时。木榨的话，一般要榨两道，第一道一斤芝麻榨可以榨出近四两油，接着还要重复一道，总共出来四两八钱油，一百斤芝麻就是四十八斤油的样子。

那时看我父亲榨油的时候，还觉得蛮快乐，唱着号子，灌油、买油的人来来往往，谈天说地的。我们小孩子在榨坊里，能偷吃到芝麻饼，油榨干了以后拿着啃，还跑到驴碾子上面坐着赶碾子，那时候的感觉，还是蛮好玩的。

后来，生产技术不断改进，榨坊里的老古董逐渐被淘汰，废弃在一边。看着这些祖传的宝贝变得无人问津，我觉得非常可惜。我收集了许多碾槽、石磨、风斗、油缸和坛坛罐罐，

在2009年建立了如今的杨楼子湾榨坊博物馆。博物馆至今仍保存着明清时留下来的与榨油有关的大批工具和容器，如碾槽、石磨、风斗、油缸和坛坛罐罐等。这里面还有一件传家宝，是榨坊里面收芝麻、油菜籽用的，叫升子。这一升的话，根据一升的重量比一下，两升或者三升换一斤多油。这个升子象征我们杨家榨油比较公平。

我开老榨坊，一直秉承杨家的家训，要校量斗正，要规矩，要诚信，要理智，要明仁理。办博物馆，是要让下一代了解传统文化，珍惜今天的幸福生活。

创建于1558年

专家点评

杨楼子塆榨坊生产劳作仍具有实用价值，为周边农民提供榨油生产，满足人们的生活需要；其保留完整的榨油工艺，具有农业文明的传承价值；其繁复而壮观的劳动场面具有观赏价值；其保存众多榨油工具器具，还具有审美价值，是劳动人民传统炼油工艺的实物展现。作为当地现存唯一的大型作坊，它具有唯一性和不可复制性，既可为研究者，也可为一般参观者留存实物和场景。这座榨坊的存在，对于盘龙城3800年历史是鲜活的见证，丰富了当地的人文景观和浏览内容。其价值不可替代，非常宝贵。

（撰写　姚伟钧）

湖北省省级非物质文化遗产

老通城豆皮制作技艺

豆皮原是湖北民间的一种传统小吃。逢年过节，人们用绿豆、大米混合磨浆摊皮，包上糯米、肉丁，用油煎好，作为节日食品。豆皮由肩挑小贩传入武汉，渐渐倚门建灶，当街营业，颇受欢迎。有时顾客自带鸡蛋，要求把蛋打在豆皮上，居然色泽光亮，橙黄爽口，形成“蛋光豆皮”，比原始的豆皮进了一步。

大约在清咸丰十年（公元 1860 年），武昌王府口（今紫阳路与解放路交叉处）有一家姓杨的小店，祖传三代经营豆皮，人称“杨豆皮”。直到第四代杨志福，生意兴隆起来，遂于 1929 年正式挂上“杨洪发豆皮馆”的招牌，是武汉最早的豆皮馆。杨洪发的豆皮注意质量、讲究风味，渐渐有了名气。豆皮的配料有猪油、上好板油、花油、鸡蛋、酱肉丁、虾仁、干子、葱、蒜、胡椒等。武汉三鲜豆皮的创制人郭春山和被誉为“豆皮大王”的高金安，均先后在杨店做过。

坐落在汉口大智路口的老通城豆皮馆，原名“通城”食品店。老板曾厚诚在武汉沦陷前夕举家逃往重庆，直到 1946 年春恢复营业，改名为“老通城”，“豆皮大王”高金安从 1946 年开始在这里主厨。三鲜豆皮是高金安的独创，他在配料中加进了卤味，

扫一扫
观看老通城豆皮
制作技艺视频

1958年8月 毛泽东主席视察武汉工作时
在江峡轮上与接见人员合影留念
第三排 右第一人为"豆皮大王"高金安

1958年11月 朱 德同志视察武汉工作时
与接见人员合影留念
第三排右第二人为"豆皮大王"高金安

形成了老通城豆皮“重油，油而不腻；外脆，脆而不老”的特色，生意兴隆，久盛不衰。

中华人民共和国成立后，老通城成为武汉第一家国营餐馆，规模扩大，三鲜豆皮销量大增。高金安精益求精，又在配料中增加了猪肉、口条和虾仁，总结了豆皮馅、豆皮浆和豆皮煎制的操作法，使三鲜豆皮皮薄色艳，松嫩爽口，馅心鲜香，闻名遐迩。

1958 年 4 月 3 日，毛泽东主席第一次到老通城惠济支店，品尝了“豆皮二王”曾延龄做的豆皮和傅汉卿烹制的菜肴。同年 9 月 12 日，毛主席再次到老通城支店品尝豆皮，留下了“国营要更好地为人民服务”的教导。这成为老通城店史上最光辉的篇章。此后，周恩来、刘少奇、董必武等中央领导同志及朝鲜主席金日成、柬埔寨国王西哈努克等贵宾都先后品尝过。据不完全统计，约有 60 多个国家的国际友人和不计其数归国华侨、外地游客慕名而来。他们品尝之后，赞叹不已，认为老通城三鲜豆皮制作精细、味道鲜美，湖北风味名不虚传。

马守志口述

马守志，1963 年出生。老通城豆皮制作技艺省级代表性传承人。1987 年就职于老通城酒楼，师从“豆皮小王”张祥兆，被誉为“豆皮三王”，1998 年被评为‘特级面点师’。马守志在保持传统的基础上，以“三鲜豆皮”为龙头，相继推出牛肉、八仙、八宝、鸡丁、双冬、海鲜特色豆皮系列新品种，做出的豆皮具有浆清、皮薄、火功正、配料、调味适当、味香、爽口、外脆、肉软、油重而不腻等特点。

我是 1989 年进入老通城当学徒工的。当年的老通城生意兴隆，我非常珍惜来之不易的机会，勤奋苦练，慢慢掌握了豆皮制作的全部技艺，三年后，考核达到一级工艺水平，成了豆皮车间的班长。后来被大家抬举，称为继豆皮大王高金安、二王曾延龄之后的“豆皮三王”。从那时候起，我就一直在琢磨如何让豆皮制作的每个过程都尽可能统一标准，进行量化，保证最佳口感。

豆皮的选料比较讲究，像绿豆的话，去掉绿豆壳浸泡，30 度左右的水要浸泡三个小时，如果急用，可以加热水浸泡，确保温度，壳才会去掉。泡好没泡好有一个标准：芯子是平的，那就是泡好了。大米要用标二的大米，粘湿度、硬度比较合适。在加温期间，绿豆的营养经过高温会散发。大米和绿豆的比例一般急用是四比六，缓用就是三比七。我们说老通城的豆皮，皮薄馅香，口感软糯，要达到这个效果，磨浆、摊皮都有诀窍。

第一道工序是摊皮，就是下浆，用贝壳。为什么老通城的豆皮有讲究要用贝壳呢？贝壳是在水里面长的，是凉性的。在加工过程中，下面的锅是铁的，中间是米浆，通过热量加工成型。人吃进口里经过喉咙，会存在营养破坏的问题，贝壳是褪凉的，也是一种艺术品。下去以后在锅里用中指按住贝壳转动，简称螺丝盘底，就是跟螺丝一样转动起来，不是围着锅用勺淋的。要求浆清皮薄，做出来以后口感就好。如果是皮子厚了，有的干了，做出来效果、光泽都会差一些。

蛋皮摊好，也就十几秒，师傅的手还要快，加入预制好的糯米。糯米要求颜色鲜亮，没有杂质，蒸上 10 ~ 20 分钟，还要加油煸炒，配上咸鲜的味道。加上糯米和馅料后，盖上锅盖不一会儿，香气四溢，接下来就是翻皮了。

翻皮也是有讲究的。翻锅时如果看到烟子起来是飘飘飘的，那证明是水分没有干，不能在这个时候揭锅；烟子起来是定了位的，就证明水分干了。掌握规律以后揭锅，基本上浆都干了，成色光泽都要好些。老通城豆皮一锅会切成 20 块，然后搭配着添盘，尽可能保证馅料均匀，视觉美观，顾客满意。

切豆皮是横三竖四，为什么这样说，就是刚好，我们按要求，做十份。我们工艺流程中间，就是（规定）十份

豆皮，浆是多少、糯米是多少、肉丁是多少，形成公式性的以后，传承的时候，进来以后首先就是用等量代换的关系告诉学徒怎样做，尽量做到规范。横三竖四出来以后就是20块，刚好。

添盘也是有讲究的，如果两个芯子一添，两个边子一添，添出来不好看，要求的是口对口，每个边子都有口，口要对着外面，消费者可以直接看到里面的东西。要求的是四两八钱，四两五钱到四两八钱，基本上我们上炉子的师傅都能做到。传统的老通城豆皮主打三鲜味：鲜肉、鲜菇和鲜笋，辅以猪心和猪舌，又鲜又嫩。为了满足人们口味多样的变化，我们也开发出了双冬、牛肉、鱼肉等多种口味，适应不同人群的需要。比如牛肉豆皮，就是四川的朋友来玩，说豆皮倒是好吃啊，就是不对我的口味，没有辣椒。当时我们就考虑做辣的豆皮。后来我们有时候参加全国大赛到广东浙江那边去，吃有甜味的东西很多，回来以后我们又做了果脯豆皮。还有小美女来了说不吃肉，后来就做了双冬啊，不给肉，做了鸡丁啊、海鲜啊，还有些连这都不吃的，就做了素三鲜啊。现在问世的可能有13个品种，男女老少都适宜。

这么多年来，对于很多老武汉人来说，老通城的豆皮不仅是一种民间小吃，更是一个乡愁的符号，代表着对这个城市深深的情结。特别受感动的是，我们到南京去参加全国大赛，有一个老太太原籍是武汉人，在南京住了好多年，我们做豆皮，她一看“老通城”三个字在报纸上登了，非常激动，拄个拐杖，走了接近两个小时才过来，就为吃份豆皮。当时我们生意非常火爆，东西都已经卖完了。她说你就卖一份给我，多少钱都行。我开了炉子给她做了，她当场吃了两份，买了五份。她跟别人讲我是哪里哪里的人，这个怎么怎么好吃啊，一边说一边热泪盈眶的。

离开老通城后，我现在承包了一家单位食堂，一边经营，一边招收学徒，传承制作技艺。很多人慕名而来，品尝正宗的老通城豆皮。我现在自己最大的心愿就是多培养一些货真价实的豆皮师傅，让豆皮制作技艺走向全国。

专家点评

豆皮是武汉人“过早”的主要食品之一，作为武汉民间极具特色的传统小吃，其金黄透薄、味香缭绕，让人久久不能忘怀。最初只是武汉人逢年过节时特制的节日佳肴，后来逐渐成了人们一日三餐的寻常早点。说起豆皮，就离不开“老通城”，“老通城豆皮”这个词已是人们口口相传的口头禅。

从大约1860年人称“杨豆皮”的第四代杨志福，到1929年武汉最早的豆皮馆“杨洪发豆皮馆”，从“通城饮食店”老板曾厚诚到独创“三鲜豆皮”的高金安，从中华人民共和国成立后武汉第一家国营餐馆到国家领导人屡次品尝，无论是“豆皮大王”高金安、“豆皮二王”曾延龄，还是“豆皮三王”马守志，豆皮这款美食都倾注了几代人的奋斗，散发着浓浓的乡情乡音。独到的地方特色文化靠地道的味道才能呈现。豆皮从最初的配料，到加进卤味变得“重油，油而不腻；外脆，脆而不老”的三鲜，再创牛肉、八宝、海鲜新系列，每个环节的苛刻挑选，一代代师傅们传承并创新着老一代的货真价实。

正如老通城豆皮制作技艺省级代表性传承人马守志所说，这么多年来，对于很多武汉人来说，“老通城豆皮”不仅是一种民间小吃，更是一个乡愁的符号，代表着人们对这个城市深深的情结。当下被“汉堡包”和“比萨饼”等快餐文化包围的时候，豆皮仍能以它独特的味道和底蕴占领着老百姓心中的一席之地。随着时代带给豆皮的不断创新，随着市场带给“老通城”的不断挑战，也许一切都在变化，唯一不变的就是豆皮里那份浓浓的家的味道。

（撰写　姚伟钧）

传统医药

马应龙眼药制作技艺	国家级非物质文化遗产代表性项目
叶开泰传统中医药文化	湖北省省级非物质文化遗产代表性项目
张介安中医儿科诊疗法	湖北省省级非物质文化遗产代表性项目
老四知堂郑氏正骨疗法	湖北省省级非物质文化遗产代表性项目

国家级非物质文化遗产

马应龙眼药制作技艺

扫一扫
观看马应龙眼药制作技艺视频

马应龙传统制药技艺起源于河北定州，距今已有400余年的历史。

明朝嘉靖年间，创始人马金堂为免除家乡百姓受眼疾之苦，潜心研究，摸索总结出一套独特的制药技艺，制成眼药，并取名为八宝眼药。其后人马应龙对眼药制作技艺进行改进，臻于完善。公元1582年，马应龙在定州北街开设药店，并将八宝眼药更名为马应龙定州眼药，投放市场，悬壶济世。

清朝道光年间，延续了200余年的马应龙定州眼药传到了马应龙的后裔马万兴的手中。马万兴是一个眼界开阔，富有开拓精神的人，他将马应龙定州眼药卖到了北京，并在北京声名远播，留下了“身穿瑞蚨祥，脚踏内联升，头顶马聚源，眼看马应龙”的佳话。

到了20世纪初，中国南方的眼药市场几乎一片空白，但对眼药的需求量却有增无减。为了适应形势的发展，马应龙的后裔马岐山，怀着开拓之志，向着武汉进发。他在武昌司门口斗级营租下了一个铺面，并挂上了北京马应龙定州眼药店分店的招牌，

开始开店卖药。武汉分店一开业就迎来了令人羡慕的繁荣。随着武汉的门市部逐渐增多，马岐山趁势又在湖南长沙、安徽安庆、广西柳州开设了分店，至此，南方以武汉为中心的初具规模的马应龙眼药供应网得以形成。民国时期，马应龙眼药屡获大奖，行销东南亚各国。马应龙这个百年老号终于在马岐山的手中开拓出了一片广阔的新天地，在武汉扎下了根。

中华人民共和国成立时，马应龙第十三代传人马惠民任马应龙制药厂（后改名为“武汉第三制药厂”）厂长，在八宝眼粉的基础上研制出了八宝眼膏，改变了马应龙眼药沿用了四百年的剂型。

1995 年，武汉第三制药厂组建为股份制企业，更名为“马应龙药业股份集团有限公司”。2004 年，马应龙成为商务部首批认定的“中华老字号”企业，马应龙传统制药技艺得以延续保存和弘扬。

马应龙眼药采用名贵的中药材，如麝香、牛黄、珍珠、琥珀、炉甘石、硼砂、冰片、硇砂等，经过特殊的工艺炮制，配料成药，又称八宝古方。马应龙八宝古方的祖方，依据来源于中医寒凉派以清凉解毒的方剂祛除火热之邪的理论，融合了中药传统验方光明散的剂型。八宝古方还借鉴了回药，以麝香为君的香药入药的配伍方式，同时又吸取了蒙药金石之方的配方特色和炮制工艺，经过多年的验方演化，最终自成一方。

马应龙制药技艺有其传统的特色和规范，从选材、炮制、配料到成药有一整套严格的规程，独成一家。选材遵循“唯真唯优，忌劣忌假”八个字。在制药的过程中，器皿的卫生、原料配合投放的先后次序，药物的细度成色都要严格掌控，并通过看、闻、摸、尝来进行检验。因春夏秋冬四季气候的不同，炮制原料的方法各有差异，以保证药的疗效。在制备的过程中，对药物的盛放有着严苛的要求，所使用的盛器质地各异、种类繁多。

所谓八宝古方，表面上指的是马应龙眼药所采用的八味名贵中药材，但实际上说的却是这种特殊而且保密的炮制工艺。在八味药材公之于世的情况下，这是马应龙能数百年来独此一家，并且从未被冒牌假药所祸乱的原因所在。

八宝古方八味药合而用之，共奏清热解毒、活血化瘀、去腐生肌之功效，适用于外科疮疡之阳症

马应龙药业的传统产品是“马应龙眼药”，创新产品是以“马应龙麝香痔疮膏”为代表的系列化肛肠治痔类产品。

20 世纪 80 年代，为了响应患者的需求，马应龙药业从八宝古方中研发出了声名远播的痔疮膏。马应龙麝香痔疮膏是在八宝古方的基础上，根据辨证论治、异病同治的传统中医理论，选取麝香、牛黄、珍珠、炉甘石、硼砂、冰片、琥珀等名贵药材精心研制而成，并基本主导了这一剂型治痔类药物的市场。

同样为了适应用户的需求，2009 年 6 月，马应龙药业又成功研发出了多款眼部护理产品，其中就包括后来美誉度和口碑度颇高的八宝眼霜。

时代在发展，社会在进步，百年老字号马应龙也时刻在求新求变，顺应时代需求，推陈出新。近几年，马应龙借助互联网的发展，前瞻性地布局移动医疗，打造小马医疗平台，逐渐向大健康产业发展。

历史悠久的八宝古方，是马应龙留给后世的宝贵财富；名贵药材，经典处方，唯真唯优，忌劣忌假，成就了马应龙产品的专业品质；以真修心，以勤修为，历练出马应龙人的精神品质。这就是它能够持续经营四百多年的奥秘。它折射的是中华医药顽强的发展史，体现了一个四百年老字号的蓬勃生命力。

专家点评

明万历年间，河北定州（今定县）中医马金堂首创定州眼药，1582年，其承继者马应龙将其更名为“马应龙定州眼药”。至清代，马应龙后裔把药店从定州开到北京。20世纪初，马氏又将汉口作为其南方经营中心，四百余年经营从未间断，其传人至今已历十五代。马应龙眼药采用麝香、牛黄、珍珠、琥珀等名贵中药材，原料选取遵循的是“唯真唯优，忌劣忌假”的原则，经过特殊的保密工艺炮制，经过多年的验方演化，臻于完善。其制药技艺的承继者遵从家训，数百年来从未违例外传，马应龙眼药从未被冒牌假药所祸乱。

1980年，马应龙传人在此八宝古方的基础上研制出了八宝眼膏，改变了马应龙眼药沿用了四百年的剂型，后受民众偏方式应用的启发，又在八宝眼膏的基础上，成功开发出了马应龙麝香痔疮膏、麝香痔疮栓。2004年，马应龙成为商务部首批认定的“中华老字号”企业。一个因眼药而生的老品牌，却创造了一个治痔类药物的神话。

同样是偶然的应用，痔疮膏被当作去黑眼圈的神药流行起来，促成了“马应龙八宝去黑眼圈眼霜”的诞生，回归到了主业。马应龙传承并弘扬传统，结合现代生物技术，围绕眼药制作技艺之精髓“八宝祖方”不断开发新品。

眼膏的基本处方发展到痔疮膏以后，没有大的改变，再从痔疮膏改良回眼霜，一贯依从的是辨证论治、异病同治的传统中医理论，也反映了马应龙一切从用户需求出发的用心。凭借与互联网的深度融合，不断顺应市场需求，积极从传统制药企业向大健康药业集团转型，目前马应龙药业在从事传统医药的发掘和传承工作中，使其制作技艺得以延续和弘扬。

（撰写　邱萍）

湖北省省级非物质文化遗产

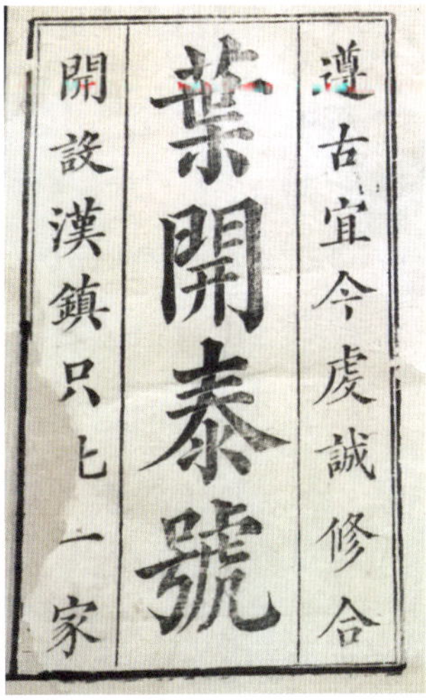

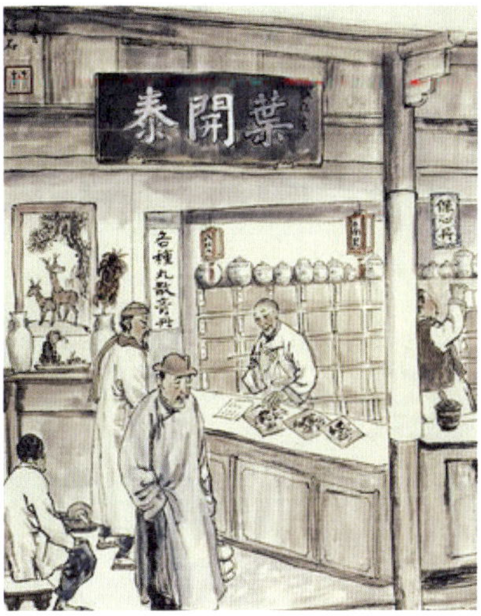

叶开泰传统中医药文化

扫一扫
观看叶开泰传统
中医药文化视频

叶开泰创立于明朝崇祯十年（公元 1637 年），与北京同仁堂、广州陈李济并称中医药界的“初清三杰”。再加上后来的杭州胡庆余堂，被称为“中国四大药号”。

叶开泰的创始人名叫叶文机，安徽人，其父是一个民间老中医，号称叶神仙。明崇祯四年（公元 1631 年），叶文机随父逃难到湖北汉口镇， 在今汉阳古琴台附近摆药摊行医卖药。6 年后，叶神仙去世，叶文机在汉口汉正街一带的大夹街第 23 家买了一座青砖古屋，正式挂出了“叶开泰药铺”招牌。取名叶开泰，乃遵叶神仙“叶家药铺开业，只图国泰民安”之嘱，以叶氏之姓加开泰之意。

叶文机开设叶开泰号，悬壶应诊，扶伤活人，由于前来求医问药的民众络绎不绝，叶开泰开始制售成药，率先开创了“前店后厂”的经营格局。早在清道光年间，叶开泰自制

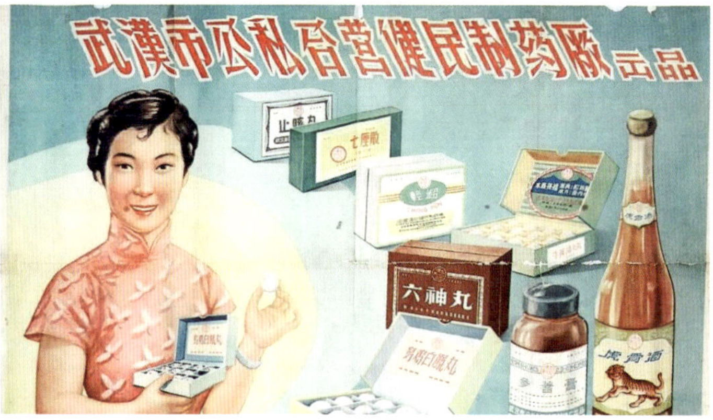

名药参桂鹿茸丸、拔毒生肌散、小金丸、八宝光明散、虎骨追风酒等即名闻遐迩，远销海外。《汉口竹枝词》中曾有记载，“叶开泰丸药皆俗所引重者”，就是著名品牌的意思。

1953年6月1日，叶开泰更名为武汉市健民制药厂。1955年10月1日，实施公私合营，更名为“公私合营武汉市健民制药厂”。1993年5月28日，经武汉市体改委批准改制成为股份制公司，组建武汉健民药业集团。2011年，“武汉健民”被评为中华老字号企业。

叶开泰制药始终恪守“遵古宜今，虔诚修合”的理念，率先倡导“修合虽无人见、存心自有天知”的慎独精神，该文化传统一直被广大中医药人所遵循，具有深厚的历史文化价值。叶开泰从严格购进优质原材料开始，一丝不苟地遵中医药传统炮制法制药，绝不苟且通融。其小金丸、拔毒生肌散、参桂鹿茸丸等炮制技艺，对当今的中药制作，具有重大的科学价值。

人们常说：“一个叶开泰，半部中医药史。”由叶开泰传承而来的健民药业集团，秉承叶开泰药店“济世救民、质量上乘”之人本、诚信遗风，以“健天下、民为贵”为使命，传承叶开泰四百年中医药文化，以心系民生健康的伟大抱负和亲民爱民为民的庄严承诺，保护好叶开泰传统中医药文化，并将之发扬光大。

孙玉明口述

孙玉明，“叶开泰传统中医药文化”市级代表性传承人，现任健民集团党委副书记、工会副主席。对中药炮制加工和膏、丹、丸、散制剂的制作经验丰富，熟悉中成药各类制剂生产方法与质量标准。

叶开泰自开号之日起，就以“修合虽无人见，存心自有天知”作为堂训，并书写成条幅悬挂在大堂，时刻提醒叶开泰人谨遵恪守。这句话的意思，用现在的话说就是，人在做天在看，人要有良心，要对得起百姓，你是治病救人的，心一定要好。第二个就是用料一定要精，找地道药材，哪怕贵一点；药品的制备过程中，各种工艺不敢省。

在制药方面，叶开泰一直坚守“并蓄兼收益人长寿，遵古酌今损己无欺”的理念。在生产中药饮片或中成药之前，必须先广泛收集和筛选历代名医验方，重视研究各种药材特性及加工炮制的方法。别的药号做丸药的时候一般用火烘干就完了，叶开泰的药号做丸药的烘干跟别的完全不同，是用板炭，烧过性以后，把这个灰蒙起来，再放到特制的烘箱里面。这个丸药要烘三天，使丸药的水分完全干燥，

并且药效完全不走，保证药效。

在380年的发展传承过程中，叶开泰创造过经营鼎盛的奇迹，也开创了不少新的经营管理制度。比如说，叶开泰始终坚持医药合一，就是前面开店，后面制药，这种发展模式不仅符合中医药的发展特点，也使叶开泰持续地发展壮大。再比如，叶开泰一直实行的是一种产业不分家的单一的传承体系，就是从创始人开始，实行单传制度，就是只传给叶氏的后人。这种传承制度保证了叶开泰传承的完整性和持续性。从叶开泰的第四代开始，从社会上聘请管事，叶氏只当东家，实行的是所有权和经营权分离的职业经理人制度，保证叶开泰的经营发展符合市场发展规律。从第九代传人叶凤池开始，实行股份制改造。应该说，比较先进的企业管理理念在叶开泰的前期都得到了实施。当时在武汉三镇流传这样一句话：进叶开泰不穷，出叶开泰不富。

在叶开泰的历代传人中，有不少有名望的官员，这也是叶升泰的一个特点：政商合一、亦官亦商。其中最有影响的人物就是出任两广总督的叶名琛，他是叶开泰的第七代传人。第二次鸦片战争期间，身为体仁阁大学士的叶名琛，在英法联军入侵广州时被俘。送往印度加尔各答，在那里，叶名琛以士可杀不可辱的气节，绝食自尽。他的这一个壮举，又为叶开泰的金字招牌抹上了一层光彩。其实，在叶开泰的发展历程中，还有不少重大的历史事件。1929 年的时候，国民党当时说要废除中医，叶开泰当时挺身而出，提出了“提倡中药以防经济侵略，提倡中医以防文化侵略”这种主张，掀起了一场保卫中医药的声势浩大的活动。

实际上从叶开泰的文化打造和申报，实际上就是三个目的，一个就是弘扬叶开泰的文化，第二个可能目标更宏远一点，弘扬跟发扬中国五千年传统的中医药文化，最终可能实现我们的一个愿景，就是让中医药回归为生活方式，也就是说达到所谓的寿世健民，因为寿世健民不仅是健民集团的，叶开泰的初衷，也是全体中医药人的一个愿景。

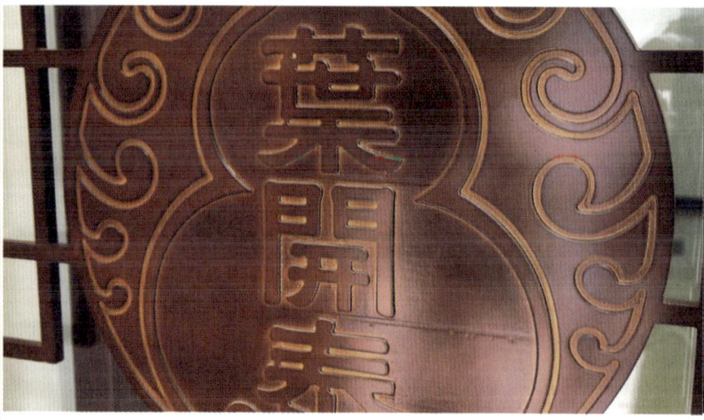
葉開泰

葉開泰历史与文化
葉開泰
·初清三杰·
陳李濟
始创于1600年

项振坤口述

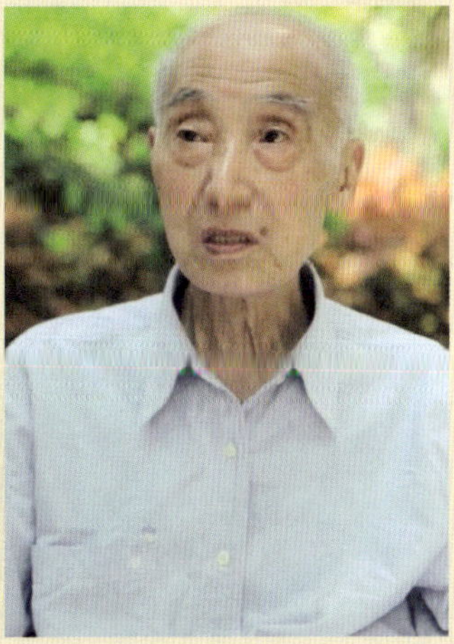

项振坤，1926年出生，当年叶开泰学徒工，健民集团老药工，能准确鉴别各类中药材真伪及质量，熟悉中成药各类制剂生产方法及质量标准，特别是丸剂生产工艺经验丰富。

叶开泰之所以久负盛名，其中一个重要的原因就是药品质量好、疗效高。为了保证药品质量，药材采购必须由经理亲自负责，选用地道上等的药材，杞菊地黄丸的杞子选用大粒贡果，黄芪要用正小皮，驴皮要选用纯黑的驴皮等。当时流传着一个笑话，也是真实的事情，鹿茸要蒸了才能切片，如果不进行这道工序，鹿茸就和萝卜一样。作坊的大木甑蒸鹿茸上百斤，准备切片磨粉，叶开泰把剩在大锅里的一点残留水倒在地上，被店里的一只大狗舔喝了，结果这只狗不胜药力，两只眼睛被冲瞎了。大家议论纷纷，不是正宗地道的鹿茸哪有这样的效力呢。

在药材的选购上，叶开泰还流行一个说法，叫“要面子”。药材市场每次卖药开盘的时候，总是要等叶开泰的采购来。为什么会这样呢？大家都知道，中国的药分层次，有各种不同质量的，这个

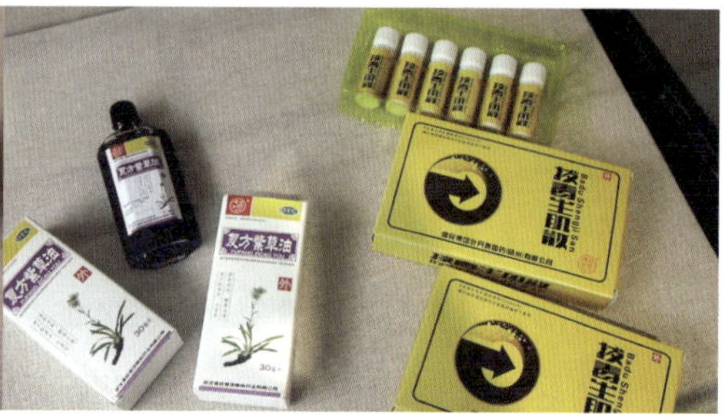

卖药的人呢，肯定就是把好的放在上面，把质量差的放在下面。叶开泰的采购来了，总是说，把面子给我。表面的成色好一些、质量高一些，就贵一些。说明叶开泰的药，为了保证质量，对药材的来源，能够不计成本、不计血本。

叶开泰最最核心的理念，实际上就是两条：一个就是益人长寿，因为开号的初衷就是悬壶济世、益人长寿。因为行医卖药最终的目的就是益人长寿。第二个核心理念就是损己无欺，就是做的药都是货真价实、药效确切的药品。这个损己无欺除了对经营理念进行提升以外，对我们后世做人也好、做事也好，也有很深的内涵。

专家点评

“叶开泰”与“同仁堂”“陈李济”并称为中医药界的“初清三杰”，另加“胡庆余堂”，被誉为“中国四大药号”。自1637年叶文机在武汉开设“叶开泰号”悬壶应诊，已传承至十七代。叶开泰秉承“精、诚、仁、德”的中医药文化精髓，坚守“虔诚修合、损己无欺”的古训，所制药物配方严谨，选料上乘，炮制讲究，工艺精湛，疗效显著，并拥有“参桂鹿茸丸”“八宝光明散”“梅花点舌丹”等明星产品。前店后厂、医药合一的经营特色，不仅满足了大众对中医药的需求，更重要的是这一模式符合传统中医药的发展规律，并缔造了一个与同仁堂宫廷医药并立的大众中医药领导者的传奇。

20世纪20年代，南京政府意欲废止中医之时，叶开泰药号挺身而出，与中医界一起提出了“提倡中医，以防文化侵略”“提倡中药，以防经济侵略”的主张，并赢得了这场保卫中医药运动的胜利，中医的生存危机得以消除。从1929年起，3月17日被定为“中国国医节”。

如今，由叶开泰传承发展而来的上市公司健民集团，创造了龙牡壮骨颗粒等名牌产品，并仍然秉承着叶开泰药号“济世救民、质量上乘”的人本、诚信遗风，以“健天下、民为贵”为使命，努力传承叶开泰380年中医药文化精髓，并弘扬中国五千年传统的中医药文化，以最终实现让中医药回归华夏民族的生活方式，即寿世健民的理想。

（撰写　邱萍）

湖北省省级非物质文化遗产

张介安中医儿科诊疗法

扫一扫
观看张介安中医儿科诊疗法视频

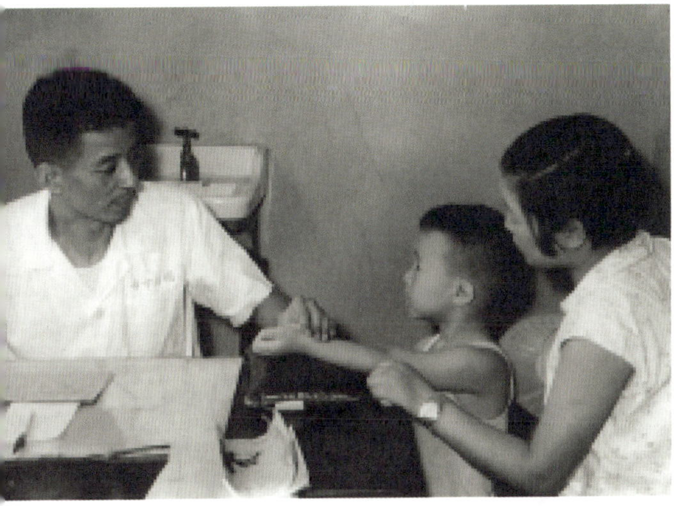

1955年10月建成的武汉市中医医院曾以“三张两徐”称誉全国。“三张”之一、该院儿科已故专家张介安是首批国家级名老中医，儿科世家，家族医学第六代传人。其祖父张翰臣、父亲张百川、叔父张巨川均为黄陂名医。“吾家数业儿科，医钵真传禁外歌，妙在一单三贴药，筹方症上不蹉跎”，即为张家行医治病用药特色和其家族医学独特疗效之概括。1940年张介安独自悬壶于武昌积玉桥，为当时防治天花、登革热等瘟疫做出巨大贡献。1955年10月，武汉市中医医院成立，张老创立了中医儿科。

张老行医六十余年，注重实践，讲求实效，学术上独具一格，自成体系。在诊断上秉承家传“观、察、验、按”四字望诊经验，并创作出好记易懂的望诊歌诀。其“夜汗非虚汗”“涕之有无，是衡量肺津耗伤程度的重要标志”“治咳喘尤重畅肺”“退高热非唯表散”“止泄泻利涩并举”等不同于其他历代儿科医家的学术观点，为临床提供了更实际的理论依据。

张介安擅理脾胃，通过“扶脾升清生胃津、畅达气机健

脾胃、寓消于补、寓补于消”的“消导法”“扶脾法”治疗儿科厌食、腹泻、咳喘等常见病、多发病，以及抽动、癫痫、长期发热等疑难杂证，从脾论治儿科疾病的理论。

张老用药轻灵，遵从“效、简、廉、便”的用药特点，其独家心得处方消食散、化食散、止泻散、定喘汤、射银汤、消浊饮、清心汤等，在临床使用中屡试不爽，享有很高声誉。

张老生前曾几度被评为急需抢救和整理经验的老专家，并培养了许多优秀人才。第一代传人朱清梅、蔡根兴、胡成群、张绍莲等在全国儿科享有盛誉，第二代传人叶冬兰、万恒仙、蔡建新等也成为该院儿科的顶梁柱，并逐渐成为湖北省中医儿科界的佼佼者。

蔡建新口述

蔡建新，1973年出生，“张介安中医儿科诊疗法”省级代表性传承人，武汉市中医医院儿科主任。1995年开始跟随张介安抄方学习，从事儿科临床25年，运用中医中药治疗难治性哮喘、性早熟、长期发热等疑难杂症患儿，临床效果显著。主持“张介安学术思想及临证经验研究”课题，获2011年度武汉市科技进步三等奖。

张老最大的贡献我觉得是独特的望诊，望颜面、望舌，切胸腹之类的方式方法，基本上不需要病人说话，就知道小孩子吃饭好不好，睡眠好不好，喜欢得哪些疾病，然后喜不喜欢喝冷饮，爱吃哪些东西，这些通过望诊都可以察觉到。患者基本上是一个什么样的状况，是一个什么样的体质，一目了然。他的第二个贡献是从脾论治的治疗方法。我有时候遇到一些疑难杂症，比如长期发热、长期咳喘，没有太多思路和解决办法的情况下，我就会回到这个起点，用从脾论治这个方法，通过“扶脾升清生胃津、畅达气机健脾胃、寓消于补、寓补于消”的“消导法”“扶脾法”，先把脾胃功能调整上来，通过健脾胃，让小孩的体质得到调整，其实很多病症就迎刃而解了。

对于很多感冒的小孩，或者有一些寒证的小

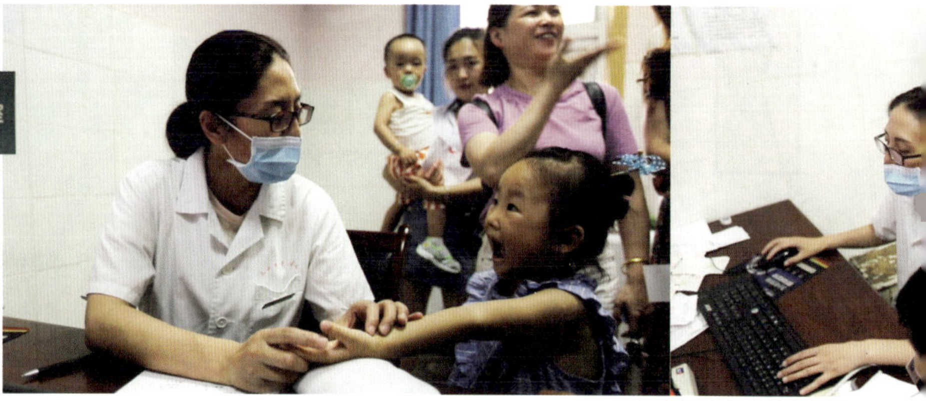

张介安学术工作室

孩，如果药吃不下去，我们就用一些散寒的药，吃也可以，泡脚、沐浴也行，都可以达到治疗的效果，不见得非要吃那么一口汤药。在外治这方面，包括口服这块，我们一直探索辨证治疗。我们医院的麻甘、消食口服液，对很多小孩的痰、咳治疗效果都非常好，但是根据辨证治疗的原理，如果患儿是偏热证的痰咳的话，我们就用麻甘；如果是食积内热的咳，就不见得用治咳嗽的药，用消食口服液也是可以达到治疗目的的。这就是中医讲的辨证治疗。

以前家族医学是不外传的，因为很多家族要靠这个吃饭，要留给自己的儿女。而张老没有，从创建武汉市中医医院开始，他就把所有的医术全部传承、留给了我们这些学生。我在他身边抄方学习的时候，有很多厂家来买他的方子，当时都是出

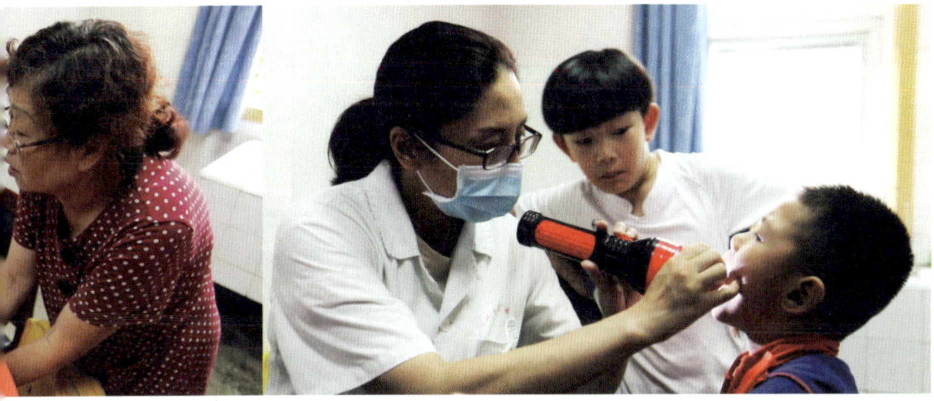

十万二十万。在20世纪90年代的时候，十万二十万算是比较多的了。但是张老都拒绝了。就包括我们现在医院的消食口服液，都是他家的家传秘方，然后就一直流传下来了。

张老在用药方面崇尚简单、高效和廉价，他那些方子都很短小，每个方子下来的话差不多就八九味药，不超过十味药的，一个方子下来也就块把钱，很轻松地就能够解决很多小孩的疑难杂症，对比如今动辄几百元、上千元的处方，令人唏嘘。

现在我这里的患儿，绝大多数是别人治不好，慕名过来的，持续性哮喘，还有的发烧达几个月的，包括一些甲减的病人，还有一些性早熟的病人，通过中医中药的治疗，收效很好，家长真的是非常感激的。对我自己来说，那种成就感是无法用言语来表达的。

近十年来，我利用自己的业余时间，整理和编撰了很多张介安的病案和著作论文，其实整理文字的东西真的很辛苦，但是我觉得有必要把它留下来，让它流传下去，或者让更多的人知道。只有继承祖辈们的学术精华，并不断地临床实践，验证总结，适应新的时代变迁，适应疾病谱的变化，才能将这门医术不断地发扬光大。

专家点评

唐代大医学家孙思邈在《备急千金要方·少小婴孺方上》中说，“夫生民之道，莫不以养小为大，若无于小，卒不成大”，强调了“养小”对保持一生健康的重要意义。若能做好小儿的摄护与保健，则其成人后更能常保健康甚至延年益寿。

中医儿科学在宋代已经形成了一门独立的学科，对小儿的生长发育、喂养保健、生理病理、辨证论治诸方面，都形成了自己的独特体系。儿科素来有“哑科”之称，因小儿常常无法用语言表达病痛及配合治疗，而且婴幼儿经脉细微，难以按循，故有古谚云：“宁治十男子，莫治一妇人；宁治十妇人，莫治一小儿。”但也有医家认为，小儿之病，无外乎外感风寒、内伤饮食，以至惊风吐泻，及寒热疳痫之类，不过数种，且其脏气清灵，随拨随应，病因单纯，无七情之伤，若确能分清寒热虚实，对症下药，轻症可以一药而愈，重症也可以很快好转。

张介安中医儿科诊疗法传承数百年，正如这项非遗项目的第七代传承人蔡建新所说，只有继承祖辈们的学术精华，并不断地临床实践，验证总结，适应新的时代变迁，适应疾病谱的变化，才能将这门医术不断地发扬光大。而张老将家训“医钵真传禁外歌”改为“医钵真传活幼多”，以“大医精诚”的精神，毫无保留地将医术传授给了几代徒弟，此即继承并延续与发展“非文化遗产”的要义，对维护华夏民族下一代的身体素质影响深远。

（撰写　邱萍）

湖北省省级非物质文化遗产

老四知堂郑氏正骨疗法

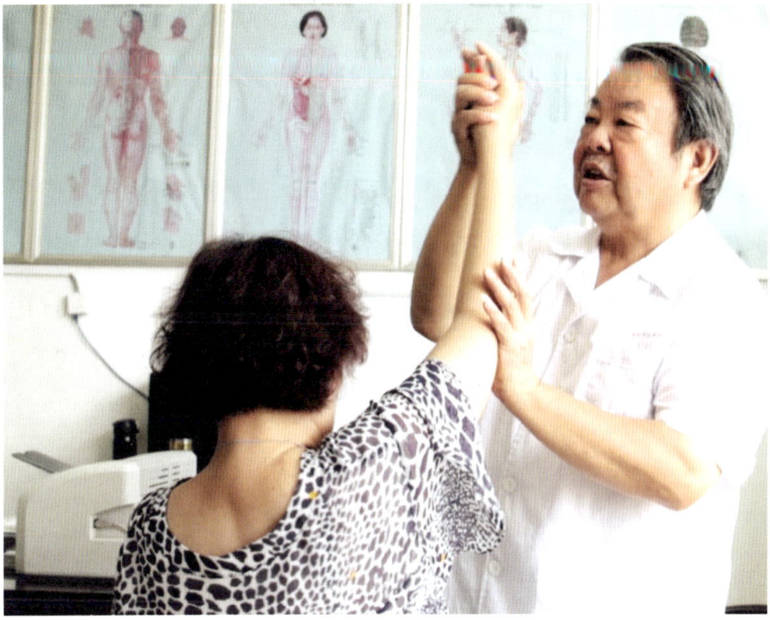

扫一扫
观看老四知堂郑氏正骨疗法视频

老四知堂郑氏正骨疗法主要流传于湖北省武汉市及河南、陕西等地，有一百多年历史。创始人杨占魁系河南嵩山少林寺名医，19 世纪末，在郑州老坟岗以老四知堂挂牌行医，1920 年来到汉口的八元里（现六渡桥），沿用老四知堂堂号，以接骨正骨为特色，坐堂行医。第二代传人郑顺卿蒙师于姨父杨占魁，继承了老四知堂堂号。1953 年郑顺卿、马盛镛等人主持创办“硚口中西联合诊所”，后更名为硚口建乐卫生院。各地病人慕名而来，医好骨折患者数以万计。硚口建乐卫生院成了当时武汉骨科的代名词。

第三代传人郑胜利从小随父习武学医，博采众长，创新发展了老四知堂郑氏正骨疗法，1999年创办郑氏中医骨科医院，带领第四代传人郑毅、王振阳等十多名弟子，书写着薪火相传的篇章。

老四知堂郑氏正骨疗法系中医骨科的一个分支，秉承了中医辨证施治的治疗原则，门派正宗代代相传，整复手法独树一帜。不仅具有中医骨科的动静结合、筋骨并重、内外兼治、医患合作的特点，还讲究武医同修、内外兼施，其独创的塑形夹板包扎考究，祖传的万应伤疡膏活血化瘀，消肿止痛，堪称中医骨科一绝。

其手法整复，根据骨折不同类型，采用回旋、推压、提端、震揉等手法使骨折复位。在整复过程中，要求力道恰到好处，以免“过犹不及”，这种力道须经过多年的武术修炼和临床经验积累方能把握。

老四知堂郑氏正骨疗法有别于西医的手术治疗，费用低、周期短、效果好，解除了数以万计患者的痛苦，深受百姓的喜爱，有着不错的口碑，在江城杏林享有一定的知名度和美誉度。

郑胜利口述

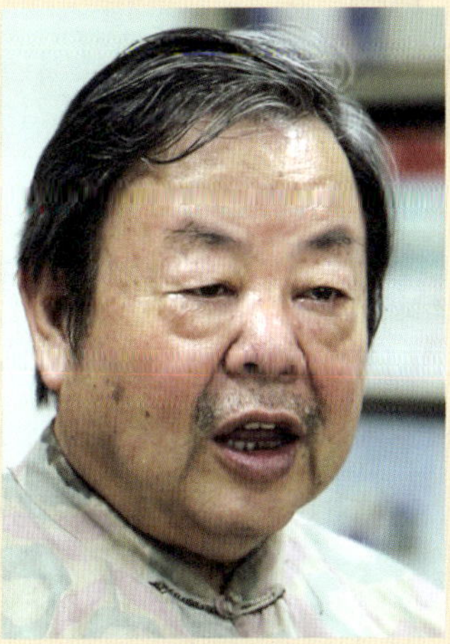

郑胜利，1948年出生，“老四知堂郑氏正骨疗法”省级代表性传承人。自幼随父习武学医，子承父业。他不仅传承了祖辈手法，还独创了塑形夹板，总结了量人而定、讲究角度、牵引对接、按捺平正等治疗要旨，潜心研究，发表论文，先后传授弟子十余人。弘扬老四知堂堂号，创建了武汉郑氏中医骨科医院，以此为传承的舞台，解除了数以万计患者的痛苦。

我们这个老四知堂是在20世纪20年代，由我的师爷，我父亲的老师父从郑州老坟岗迁移到武汉来的。到武汉以后在八元里，开了一个老四知堂骨科诊所，那时候主要看病的对象是襄河的码头工人，出体力的、最贫穷的、最一线的劳动者。

最初的创始人叫杨占魁，是河南嵩山少林寺的名医。因为原来练武术的人伤筋断骨的比较多，所以正骨接骨就是由练武术的人发展起来的。武医结合也是我们的特点，接骨头这个活不能光凭技巧，还要有一定的力量，比如说肩关节脱位了，一般人是接不上去的，要把这个关节拉开，把错位的关节拉出来，拉都拉不出来还谈什么复位。接骨头要有一定的力度，这个力度要恰到好处，以免“过犹不及”，这种力道须经过多年的武术修炼和临床经验积累才能把握好。

我父亲郑顺卿继承了老四知堂堂号之后，将手法整复进行创新，根据骨折的不同类型，采用回旋、推压、提端、震揉等手法使骨折复位。整复术的关键在于心灵手巧，手一摸，就能知道骨头是断了还是脱位，再用巧劲恰到好处地复位，而这股子巧劲必须有功夫打底。

1953年，我父亲成立了硚口区中西联合诊所，1957年更名为硚口建乐卫生院，来自武汉三镇的骨科病人慕名而来，每天接诊一百多人。我们治疗骨折有四个

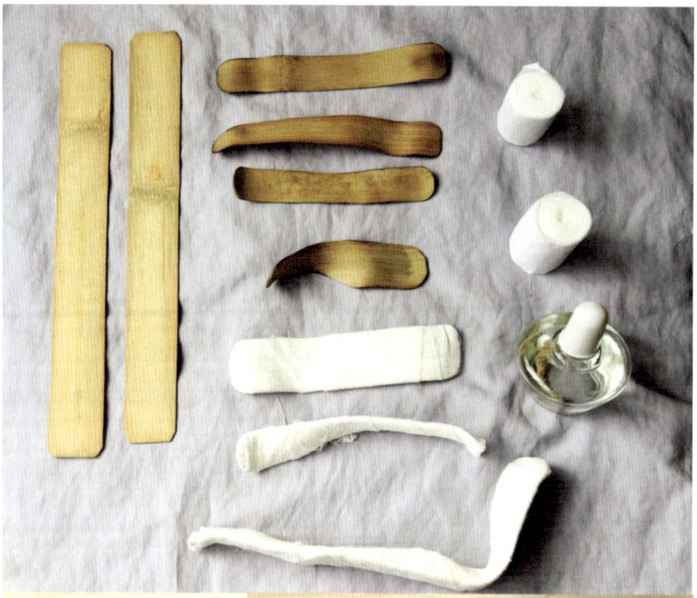

原则：内外要兼治，外面要敷药，里面要吃药；筋骨要并重，不但治骨还要治筋；动静要结合；医患要合作。

我在长期的临床治疗过程中，又首创了一种塑型夹板，就是根据每个人身体特征的不同，量体裁衣，这样做出来的夹板，外面固定，但不像锁螺丝钉那么牢固，有一定的松动性，而且夹板还有弹性，

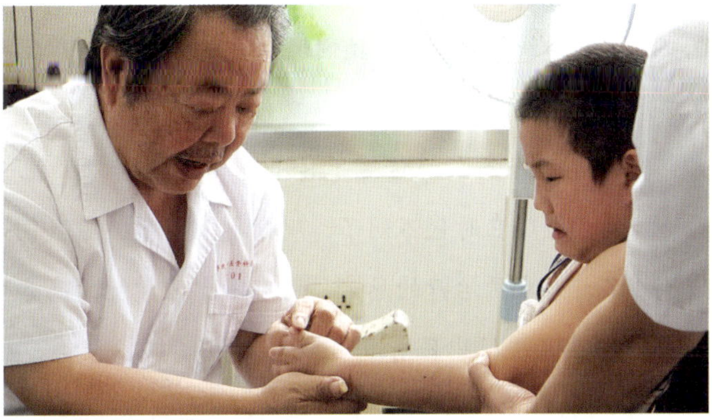

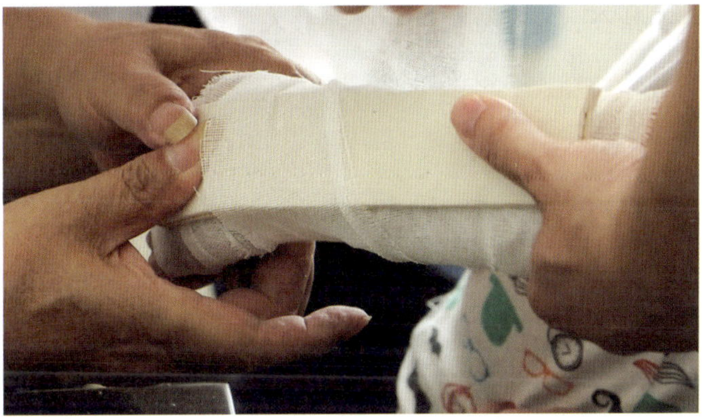

更有利于骨架的生长，这小骨架生长起来以后，容易受力，不容易再骨折，不仅节约了一定的费用，还缩短了治疗时间。我们治疗过很多小孩的骨折，小孩正在发育过程中，骨头在生长，如果上了钢板，就会過制它继续生长，因为钢板是不长的。所以我们中医主张骨折尽量不要手术，而是把它骨折的成角慢慢地纠正，把它还原，还原以后上我们的夹板，固定一段时间，这时候固定是外固定，不影响骨头的发育，不影响骨头的生长。

我们老四知堂不仅疗骨如神，还是十分体谅患者。对于一些年事已高的骨折老人或者是不方便前来就医的患者，因为有些骨折病人如果来回搬动，会造成骨折移位，我们专门有家庭医生，上门治疗。有必要的时候，我们也办家庭病床，利用业余时间到家里去为病人治疗。白天我们还是在医院里面上班，采取预约的方式上门治疗。虽然辛苦，但是造福了患者。父亲那一代人当年看病，从来不坐病人请的黄包车，坚持要把钱留给病人买补品，就有做善事的传统，到我这一代，也要把这种传统保持下来。我们现在每年都会定期进社区、进学校、进工厂免费开展骨科知识讲座、义诊等活动。

中医过去好多东西传男不传女，传内不传外，把一些好的东西给埋没了，现在时代不同了，观念也改变了，像我们老四知堂，除了慕名前来求医治疗的患者，还有不少医学院的高才生也慕名而来，想要学习这门中医骨科。我现在带了很多徒弟，我儿子郑毅也学了中医，不过他们在学中医的同时，也吸取了很多西医的理论，中西结合，通过他们这一代年轻人，继续把老四知堂的中医骨科发扬光大。

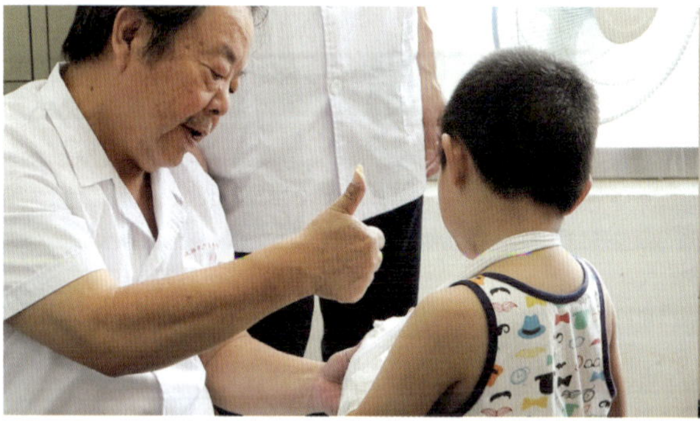
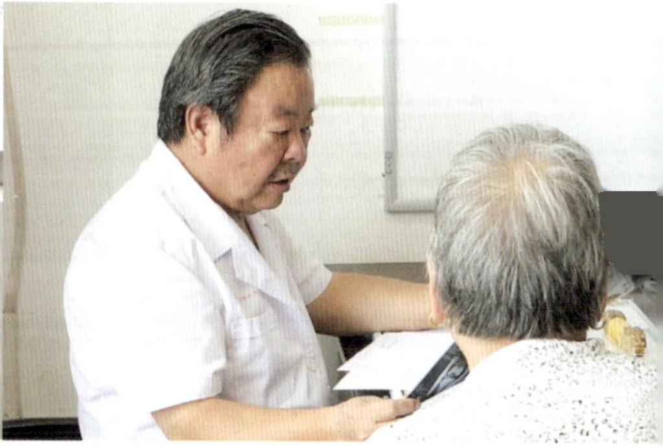
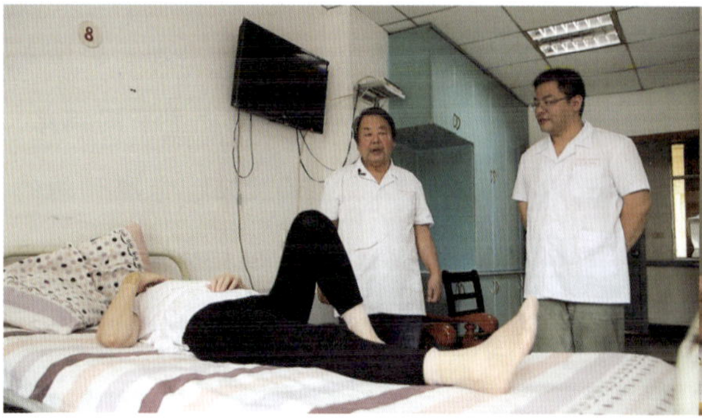

专家点评

正骨是一种比较古老的技能，是中医治疗骨伤的传统方法，早在西周时期，针对骨伤及刀创的“疡医科”便已经存在。19 世纪末，河南名医杨占魁在郑州老坟岗以老四知堂挂牌，1920 年来到汉口八元里（现六渡桥），沿用老四知堂堂号坐堂行医，以接骨正骨为特色，凭手感进行手法复位，辅以祖传“万应伤疡膏”，开始扬名江城。第二代传人郑顺卿继承了老四知堂堂号，于 1953 年创办硚口区中西联合诊所。作为第三代传承人的代表性人物，郑胜利自幼随父亲郑顺卿习武学医，坐堂行医 50 多年，继承其父中医骨伤科的精髓，将手法整复进行创新。

在骨折、关节脱位、扭挫伤、慢性劳损等骨病的治疗上，中医正骨有自己的优势。尤其对于长管状骨的骨折，手术复位的过程会破坏骨膜，延长愈合时间，同时，安在患处的钢化螺丝需要一年后再进行手术取出，而中医正骨可达到或接近解剖复位的效果，减小患者的痛苦、恢复更快。

作为武汉市仅存的百年中医骨科堂号，郑氏骨科以传统中医理论为基础，经过漫长的发展，逐渐形成了一套成熟的中药内服、外敷，手法推拿、牵引，中医理疗、小夹板治疗的方法，用以治疗骨科常见疾病，特别是中老年退行性关节病、颈背肌筋膜炎、颈椎病等。其疗法秉承了中医辨证施治的治疗原则，其主要特征可概括为：内外兼治、动静结合、筋骨并重、医患合作。

如今，第四代传承人、郑胜利的儿子郑毅承继了中医世家的传统，同时还吸取了西医的有关理论，希望能够充分发挥老四知堂中医骨科的社会价值，提高文化自信，将民族技艺薪火相传。

（撰写　邱萍）

了 不 起 的 非 遗

L I A O B U Q I D E F E I Y I

民间文学

黄鹤楼传说	国家级非物质文化遗产代表性项目
木兰传说	国家级非物质文化遗产代表性项目
贱三爷的故事	湖北省省级非物质文化遗产代表性项目
梁子湖传说	湖北省省级非物质文化遗产代表性项目

国家级非物质文化遗产

黄鹤楼传说

黄鹤楼传说是以湖北省武汉市武昌蛇山黄鹤楼为故事发生地，以及与其有关的传说组群，它深受楚地风俗及楚辞影响，滥觞于三国，成熟于唐宋，鼎盛于元明清。

初始由百姓口口相授，而后文人参与记述。最早见诸文字的是南朝伟大的科学家祖冲之所著的《述异记》，但此书已失传。现能见到最早的文字保存在“二十四史”中的《南齐书》中，以后又有四部正史《梁书》《南史》《宋史》《明史》和一些重要典籍、传奇、方志、图经、地舆记载。

黄鹤楼传说内容以神仙传奇为主，包括黄鹤楼楼名起源传说、黄鹤楼建楼传说、黄鹤楼名人传说、黄鹤楼景观传说及轶事杂谈等五类。其基本篇目包括子安驾鹤、费祎升天、仙人吹笛、橘皮画鹤、宝山仙洞、制伏毒龙、鲍泉沉尸、萧秀埋骨、刘备脱险、孔明神灯、羲之题字、李白搁笔、岳飞赋词、时珍悬壶、献忠题诗、敬亭说书等故事。

扫一扫
观看黄鹤楼传说视频

由于故事张扬了中国本土宗教道教的文化元素，表达了“天人合一”、惩罚扬善、少贪寡欲等主题，塑造了平时混迹于人间、危难时扶危救困的仙人形象，故深受平民百姓和各阶层人士的喜爱，口授文传，历久而不衰。

20 世纪 50 年代初期，苏联的艺术家将“橘皮画鹤”的传说改编成动画片《黄鹤楼的故事》在苏联上映，一时风靡。改革开放以来，随着中外文化交流的增多，黄鹤楼传说迅速传至日本、韩国、美国、欧洲等国家和地区，尤其在亚太文化圈声名远播，得到了世界范围内的广泛认同。

黄鹤楼传说激发了从崔颢、李白、苏东坡到毛泽东、郭沫若等历代诗人的创作灵感，成为他们的歌咏对象或创作题材，催生了多如珠玑的诗词文赋，其中不乏流传千古的经典之作，极大地推动了中国浪漫主义文学、道教文学的发展进程，丰富了中国传统文化的宝库。它还影响到绘画、建筑、戏曲、曲艺等姊妹艺术，甚至渗透到语言领域。有的故事已成典故，有的故事凝化为歇后语，体现了民间文学作品的特质。

黄鹤楼传说是历史名楼黄鹤楼的灵魂，是其赖以生存和发展的根基。它与黄鹤楼相生相伴，相融相依，从物质文化与非物质文化两个层面彰显出中国传统文化的魅力。

黄鹤楼传说摘选

夏口城据黄鹄矶，世传仙人子安乘黄鹄过此上也。边江峻险，楼橹高危，瞰临沔、汉，应接司部， 宋孝武置州于此，以分荆楚之势。

[南朝梁] 萧子显《南齐书·州郡下》

荀瓌字叔伟，事母孝，好属文及道术，潜栖却粒。尝东游，憩江夏黄鹤楼上。望西南有物，飘然降自霄汉，俄顷已至，乃驾鹤之宾也。鹤止户侧，仙者就席，羽衣虹裳，宾主欢对。已而辞去，跨鹤腾空，渺然烟灭。

[梁] 任昉《述异记》

遥望中原，荒烟外，许多城郭。想当年，花遮柳护，凤楼龙阁。
万岁山前珠翠绕，蓬壶殿里笙歌作。到而今、铁骑满郊畿，
风尘恶。兵安在？膏锋锷。民安在？填沟壑。叹江山如故，
千村寥落。何日请缨提锐旅，一鞭直渡清河洛。却归来、
再续汉阳游，骑黄鹤。

[宋] 岳飞《满江红·登黄鹤楼有感》

■辛氏酒店与黄鹤楼

古时候蛇山首尾相连的七峰中，黄鹄山紧临长江，山势雄奇，风景优美，山顶有家姓辛的老两口开的辛氏酒店，因酒美菜鲜、价格公道、服务热情，成为登山游人必到之处，生意十分兴隆。

在众多酒店顾客之中，有位瘦骨伶仃的道人时常酒足饭饱之后拂袖而去。辛老头本来就为人厚道，况且道人是方外之人，因此从不向他收讨饭钱。寒来暑往，年复一年，只要道人来店，他们总是热情接待。

一天，道人进店落座，要了一壶绍兴花雕和一碟南丰蜜橘，就橘下酒，自饮自酌。三杯下肚之后，道人站起来用橘皮在酒店正墙上画了一只腾空欲飞的黄鹤，然后走到辛老头身边说道："贫道叨扰贵店多年，承蒙盛情款待，感激不尽。方外之人，无以为报。你们可将此橘皮丢进屋后井中，明日井水即可自成美酒，取之不尽。另外，这墙上的黄鹤只要你们双手一拍，可下来为食客跳舞助兴。贫道即刻离开武昌，云游四海去也。后会有期！"说完打个稽首，飘然而去。

从此以后，老两口的井里就是醇厚甘甜的美酒，翩翩起舞的黄鹤更让游客流连忘返。这事一传十，十传百，越传越广，四乡八野的士农工商到黄鹄山饮美酒、观鹤舞的人络绎不绝，辛氏酒店的生意更加红红火火。

（录自《黄鹤楼志》）

■吕洞宾修炼蛇山洞

相传唐朝德宗贞元十四年四月四日，山西永乐县李家庄的村民看到有一只白鹤从远远的天边飞来，停在一个姓李的官宦后代家的屋脊

上。这天晚上，这家的孕妇李氏梦见一只白鹤飞进了她的怀中，李氏从梦中惊醒，生下了一个儿子伢。

这伢从小就多动，爬树，戏水，到处乱跑。但是他心眼好，有什么好吃的总是分给伙伴们。长大成年后，家里给他娶了一个姓金的媳妇，夫妻二人十分恩爱。每年秋收季节，夫妇俩总要拿出一些谷子、苞谷、猪肉送给乡亲。有一天，夫妻二人正在村边寻野菜，碰到一位老人在村口歇息。老人久久地盯着他俩，开口说："不好，我看你们的面相，你们俩要遭大灾。"两人看老人不像扯谎的样子，慌忙问："有什么办法让我们消灾呢？"老人指点他们说："到鄂州蛇山黄鹤洞

去修道，可躲过这一劫。"

夫妻俩信了老人的话，不久就来到了鄂州（也就是今天的武昌），费了好大工夫终于找到蛇山黄鹤洞。这个洞隐藏在密林之中，洞内很阴森，但还比较宽敞。安顿好以后，丈夫说："从今后，我改姓'吕'，你看，这个'吕'字，是两个'口'，这个洞只有我们俩。至于名，就叫'岩'，这黄鹤洞尽是岩石。我的号，就叫'洞宾——洞中的宾客'。我们是鄂州的过客，总有一天我们修炼成功还是要离开黄鹤洞的。"

蛇山一带，几百年前就是道教大师葛洪炼丹的地方，吕洞宾很快就学到了修炼和炼丹的诀窍。不久，吕洞宾和妻子封了洞门，一心修炼。从此以后，人们再也没有看见他们夫妻俩。有人说，吕洞宾的妻子死了，他又取了一个号"纯阳子"。吕洞宾后来成了仙，跨鹤从洞口飞起，绕黄鹤楼三圈，升天了。至于他跨的鹤，有人说是白鹤，有人说是黄鹤。

（胡蓼仪口述 潘培端、王娟搜集整理）

■崔颢题诗、李白搁笔

相传有一天，"诗仙"李白带着书童坐船来到江夏黄鹄山下，只见龟蛇对峙，鹤楼凌空，石壁临江，惊涛拍岸，白云在山头上缠来绕去，薄雾从楼台间涌进飘出，不由得来了三分诗兴，随即弃船登矶，笔直奔向黄鹤楼。深知主人酒后题诗习惯的书童连忙挑着酒坛食盒、文房四宝紧随其后，一同上楼。

李白登上楼顶，极目四望，只见远处山清水秀，近处街市喧腾，诗兴一时增加到五分。他索性推开西边窗户，俯身细看，但见长江滔滔东去，汉水缓缓西来，就像两匹锦缎在蒙蒙烟云中交汇。鹦鹉洲上青青芳草、灼灼野花，清香之气似乎随风袭来。李白心旷神怡，诗兴涨到七分，不由得连声赞叹：“如此良辰美景，岂可无锦言佳句相配！”书童摆好酒菜，连忙动手磨墨，预备侍奉主人题诗。

李白自斟自酌，开怀畅饮，不久就醉眼蒙眬，诗兴达到了十分，连声吩咐笔墨伺候。书童指着楼内迎门对光的最大一面粉墙说：“您的诗题在那上面最合适。”

李白兴冲冲地走过去，提笔饱蘸墨汁，大有一挥而就之势。突然，拿笔的手停在半空：原来，他发现那粉墙上已有个落款崔颢的人先他题了首《黄鹤楼》诗。

李白直到跟前，先是快速浏览，继而逐句推敲，尔后浅吟低诵，暗暗叫绝。他觉得这首诗写出了连他自己都无法表达的感情，实在是比自己高明。敬佩之余，不由得仰天长叹：“眼前有景道不得，崔颢题诗在上头。”随后即交代书童收拾笔墨，下楼乘船，怅然而去。

（录自《黄鹤楼志》）

专家点评

“黄鹤楼传说”是以湖北省武汉市武昌蛇山黄鹤楼为故事发生地域或与其有关的传说组群。它滥觞于三国，成熟于唐宋，鼎盛于元明清。最早见诸文字的是南朝祖冲之《述异记》，但此书已失传。现能见到的最早的文字保存在萧子显《南齐书》中：“夏口城据黄鹄矶，世传仙人子安乘黄鹄过此上也。”这里所谓的黄鹄矶，就是今天的蛇山，以后又有四部正史和一些重要典籍、传奇记载。

南朝时，黄鹤楼上成仙的民间传说就出现在小说和史书里了。那时战乱频仍，政治黑暗，人生痛苦，为佛、道二教的盛行提供了肥沃的土壤。人们希冀超脱苦难的现实，把希望从今生移到来世，从地上转向天国，幻想超尘出世，羽化而登仙，于是“仙人乘鹤”的故事便应运而生了。与黄鹤楼有关的神仙不止一个，黄子安、费文伟、吕洞宾等。富有神仙气息的民间传说是黄鹤楼文化的重要组成部分。唐代时，黄鹤楼成为“游必于是，宴必于是”的旅游胜地，这种功能一直延续到今天。

黄鹤楼传说大体分为三类，即神仙传奇、名人轶事、历史故事。其基本篇目有《子安驾鹤》《费祎升天》《仙人吹笛》《橘皮画鹤》等数十篇。

独特的地理环境，生动的民间传说，精美的诗、词、文、联，使黄鹤楼成为千古名楼，而黄鹤楼传说是这座历史名楼的灵魂，是黄鹤楼赖以生存和发展的根基。

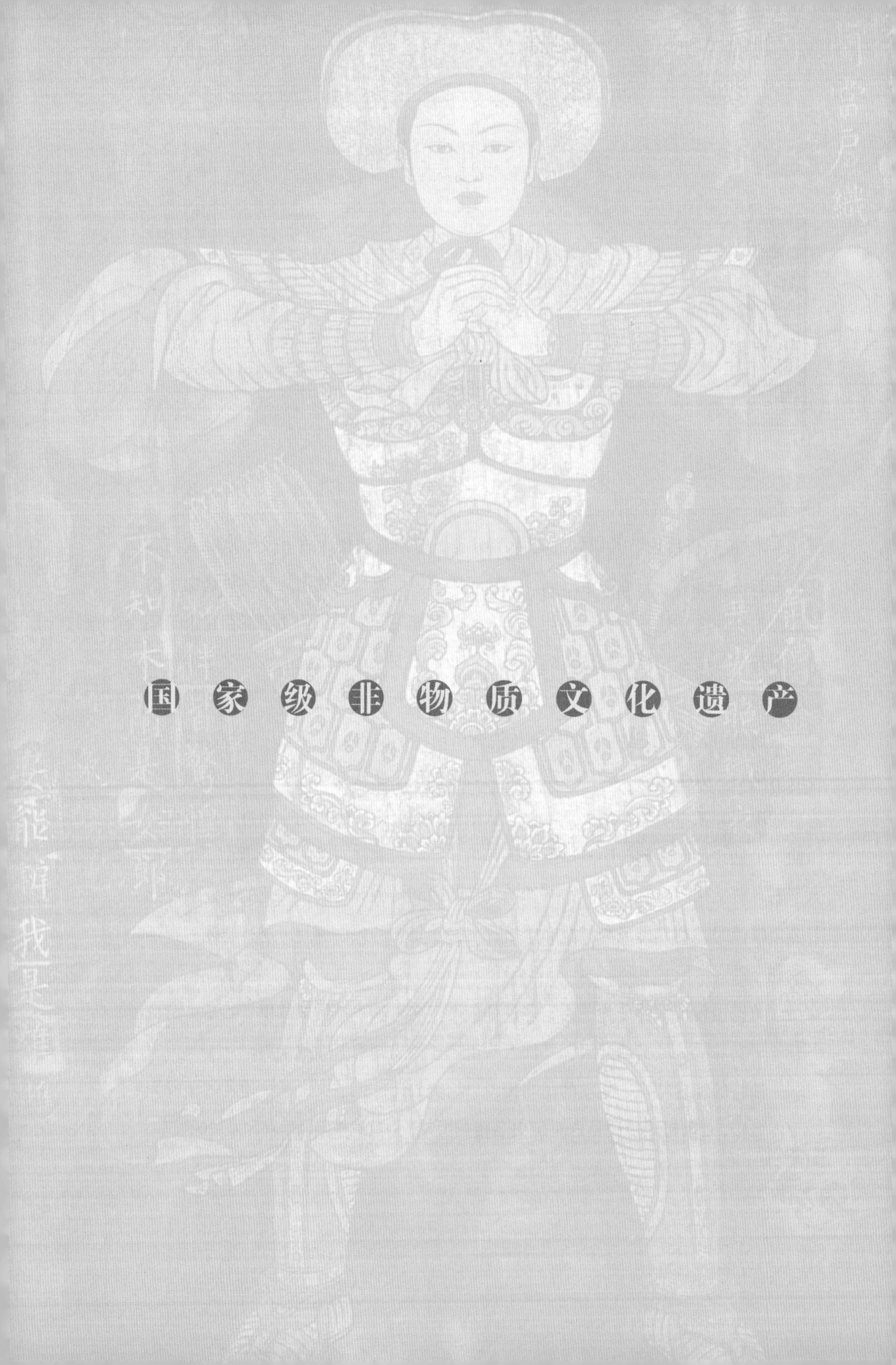

国家级非物质文化遗产

木兰传说

花木兰是中国古代影响深远的传奇女杰，“唧唧复唧唧，木兰当户织，不闻机杼声，惟闻女叹息……”，花木兰替父从军的故事，最早见于这首乐府民歌《木兰辞》而广为传颂。在一千多年来的众口传诵以及戏曲、通俗小说的不断演绎中，形成大同小异的多种文本，常和各地的历史、风物相结合而呈现地方特色。

武汉市黄陂区是巾帼英雄花木兰的故里。木兰传说在当地广为流传，妇孺皆知。“木兰传说”主要由木兰出世、少年木兰、替父从军、塞外征战、立功凯旋、皇上封赏、辞官回乡、悲剧情爱、终老故里九个情节构成。该传说历时久远，至今已有千年历

扫一扫
观看木兰传说
视频

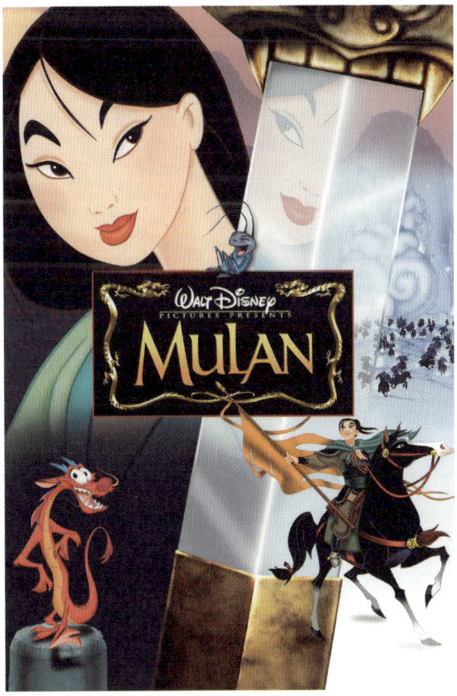

迪士尼动画片《花木兰》海报

史。传说内容十分丰富，涉及人物、地名、建制、物产、风俗、宗教等多个方面，涵盖了民间文学的诸多领域。传播范围相当广泛，不仅国内各地有诸多演绎，在海外也有广泛影响。木兰传说是中华民族优秀的文化遗产，表现了效忠国家、敬老爱亲、追求平等的观念，具有较高的历史、文学、民俗研究价值。

叶蔚璋口述

叶蔚璋，1963年出生。30余年致力于木兰主题收藏和木兰文化的传承和研究，广泛搜集整理与木兰传说有关的古籍、绘画、雕塑、唱本、剧本、工艺品等，共计藏品达3000件，形成了以木兰传说为核心的历史文化谱系，极大丰富、充实和扩展了木兰传说的内涵。2017年，他在木兰故里筹办全国首家木兰文化博物馆，通过实物例证，填补了木兰文化展示与宣传的空白。2018年5月，叶蔚璋入选第五批国家级非物质文化遗产代表性项目代表性传承人。

小时候爷爷就喜欢跟我讲花木兰的故事，他老人家对木兰的崇拜和敬仰使我永远难忘。孩童的时候去木兰山游览，我知道了木兰传说的故事，知道了早在唐代就在山上建立了祭祀她的牌坊，知道了她是我们家乡“忠孝勇节”的传说的名人。后来在语文课上，老师讲《木兰辞》那一课，我在班上和老师发生了争执，他说木兰是河南人，我说是黄陂人。因为那节课我们为此争执不休，所以老师和校长找我谈话，要我上课要遵守纪律。其实那一次我是挨了批评，但是事后我还是常常偷笑，因为从此以后那个老师再也没有说木兰到底是河南还是湖北黄陂的。

其实千百年来，有关花木兰的姓氏、出生年月、故里是哪儿，一直众说纷纭。现在，学者们通过考察后认为木兰是武汉黄陂人的理由较为充

分。黄陂的木兰山上就有前朝修建的祭奠木兰的寺庙和牌坊。木兰牌坊的两根柱子和它上面的横梁、窗缝和窗户，应该是在明朝之前遗留下来的。而木兰殿建于隋末唐初，初名为木兰庙。唐代大诗人杜牧任黄州刺史的时候，就曾经登上木兰山，还为木兰庙题诗："弯弓征战坐男儿，梦里曾经与画眉，几度思归还把酒，拂云堆上祝明妃。"

明清以后，花木兰的事迹和形象被多次搬上国内甚至国际的舞台。经过几百年的艺术再创作，花木兰的艺术形象日臻完美。我觉得她已经远远超越一个历史人物，成了一种文化现象，木兰传说及其颂扬的以家国情怀为核心的"忠孝勇节"精神，在今天仍然极具现实意义。

木兰传说主要故事情节

1. 木兰出世

汉朝时，江夏郡西陵县北有一双龙镇。传说木兰就出生在这个小镇西临滠水河边的朱姓人家。镇上朱天禄、赵桂珍夫妇年近半百，尚无子女。天禄思子心切，听说镇南十华里青狮岭（后称木兰山）祈嗣顶山神灵验，有求必应，夫妻二人就同去青狮岭祈嗣求子。一年后的阳春三月，青狮岭木兰花盛开之际，天禄、桂珍喜得一女，乡亲们纷纷登门贺喜。天禄父亲朱若虚按民间对女孩俗称“花姑”和时下木兰花盛开之意，给孙女取名“花木兰”。从此，花木兰这个名字就在镇上叫开了。

2. 少年木兰

木兰长到六七岁时，每天离了学堂，就缠着祖父朱若虚言今道古和习武练功，很有一番男孩气。朱若虚文韬武略，因年迈在家赋闲，他常向木兰讲解《孙子兵法》及自创的梨花枪等兵法秘诀。为木兰日后的成长做了铺垫。木兰在研读兵书经卷的同时，还在双龙站河边的沙滩及双龙镇前后的大小山寨上刻苦习武练功，为她后来创造光耀千秋的事业打下了坚实基础。

3. 替父从军

汉文帝时，匈奴趁机犯汉，为抗击匈奴，朝廷发内郡戍之，点兵于西陵县双龙镇千户朱天禄。时天禄年迈有病，虽力不从心，又不可抗旨。木兰安慰父亲道：“为了拯救国家危亡，女儿愿替父从军。”年仅十六岁的木兰踏上万里赴戎机的迢迢征程。

4. 塞外征战

木兰征战塞外十二年，枕戈待旦，英勇善战，在青年将领伍登的协助下，破界牌关、克五狼镇、夺金沙峪、擒单于义女花阿珍、捉敌帅吉阿和、烧红罗城粮草营、斩敌将蒙萁、克金牛关、玉门关等累计立下十二大功。由此逐渐晋升为将军。偶然机会，伍登知道木兰身世后对她产生了爱慕之情。两人在战火未息的塞外边城玉门互赠信物，定下终身。

5. 立功凯旋

打败匈奴后，木兰凯旋回到长安，受到皇帝金殿召见。木兰念家心切，谢恩后即上表省亲。皇上准奏，并遣使臣随木兰往双龙镇看望父母。

6. 辞官回乡

一日皇上在朝，思念木兰功劳，颁旨敕封木兰为武昭侯，兼兵部侍郎，降诏木兰进京就职。木兰省亲回朝，奏明自己是女子之身。皇

上爱木兰智勇，仍欲留木兰在朝为官，木兰再奏自己矢志忠效，不愿为官。皇上见木兰威武俊美，有纳为后宫之意。木兰以“臣无媲君之礼”而再三以死拒之。皇上念及木兰功高、孝敬父母之心难得，只好恩准了她的请求。

7. 尽孝床前

木兰不受封禄，辞官回家乡不几年，父母双双病倒了，木兰为双亲精心调治，熬煎草药，侍饭奉水，掌灯夜半，尽孝床前。

8. 悲剧情爱

这三年，木兰接伍登从雁门关来信，问及婚事何时操办，木兰复信伍登，待来年春暖，木兰山木兰花盛开之际。不料翌年木兰花即将开放之季，奸臣以镇北侯伍登手握重兵，有谋逆私通匈奴单于之嫌，上奏皇上而屈杀了伍登。木兰闻伍登被杀噩耗，痛不欲生。此后每隔几天，木兰便要登上木兰山的一个石崖上，深情地向西北遥望，无数次回忆和伍登在塞外征战的日子。天长日久，这个石头被木兰踩出了两个脚印，落泪滴砸成了两个光溜溜的小凼，直到现在，人们仍称之为“眼泪凼”。

9. 终老故里

木兰九十寿诞之日，双龙镇乡亲送寿礼、置酒宴给德高望重的木兰祝寿。木兰喝过大家敬的酒，吃过大家送的寿糕、寿面后，是夜即在堂屋太师椅上安详而逝。人们将她安葬在青狮岭北坡下。木兰将军逝后，皇上谥木兰为“贞德公主”。唐朝初年，皇上再赐“忠孝勇烈”将军谥号。人们为追记忠孝勇烈的木兰将军，在青狮岭上下为木兰修建了木兰将军坊、祈嗣顶、木兰祠、木兰庙、木兰宫等。久而久之，这座承载着木兰英灵和精神的名山便被人称作“木兰山”。

专家点评

在中国传统专制社会里英雄总是男子的专利，然而却有着这样一个传唱千古丝毫不让须眉的女英雄，她就是妇孺皆知的花木兰。据传，黄陂区姚集镇（古称双龙镇）大城潭村就是这位女英雄的故乡，黄陂木兰湖是她练箭之地，双龙镇是她出生的地方，木兰山是她凯旋之处，山下至今还建有木兰庙。

在黄陂，为纪念木兰，以“木兰”命名有许多地方，有的已延续成百上千年，如木兰碑楼、木兰坡、木兰溪、木兰殿、木兰庙、木兰坊、木兰县、木兰将军坟等等，都是木兰曾存在于此的佐证。 最著名的黄陂木兰景群，将众多以木兰文化为基调的美丽景致， 推向世人。木兰山是木兰的文化之源，也是佛教、道教的活动中心之一。木兰天池是木兰的外婆家，也是她成长的地方，木兰云雾山则是木兰将军的归隐之地，她在这里度过了宁静的余生，伴随她的，是华中最大面积的杜鹃花群落。

以木兰故事提炼出的“家国情怀”精神内涵不断演绎发展形成的木兰文化，是黄陂地区一种悠久卓异的文化景观。黄陂的木兰传说从汉代至今的一两千年时间，历经原生期、次生期、定型期、衍进期、弘扬期、流变期六大发展阶段，不仅沉淀了丰厚的木兰文化资源，还使这种传统文化凝练为一种文化传统，也是黄陂人民乃至整个中华民族始终崇奉的文化典范。

湖北省省级非物质文化遗产

贱三爷的故事

扫一扫
观看贱三爷的故事视频

贱三爷的故事从明朝中期开始就在民间流传，距今已有 500 多年的历史。其源自武汉市蔡甸区，后流传于武汉市及湖北省内。

贱三爷是一个集中概括了旧时代城镇劳动人民叛逆精神、丰富智慧和理想愿望的艺术形象，他的一言一行都显示出劳动者并不因为穷困而心甘情愿地受剥削压迫，每时每刻都在反抗、做斗争。在贱三爷的身上，有豁达豪爽、机智幽默、聪明能干的独特个性，有舍己为人、扶危济困、富贵不淫、贫贱不移的品德。

贱三爷这个人物的完整形象，由众多短小的故事群构成。贱三爷生长的地域具有独特性：汉阳县蔡甸镇（现为蔡甸区蔡甸街），位于汉江之滨，水陆两路距武汉市较近。蔡甸镇曾经是南来北往的水陆码头，交通发达，商业繁荣，人们称它为“小汉口”。人们以讲贱三爷的故事为荣，也借讲贱三爷的故事来表达自己的情绪和愿望。贱三爷干的行当多达 40 多种，各行各业都有他的故事流传，人们在口头传承中，不断丰富、补充，使其形象更加鲜明、丰满。

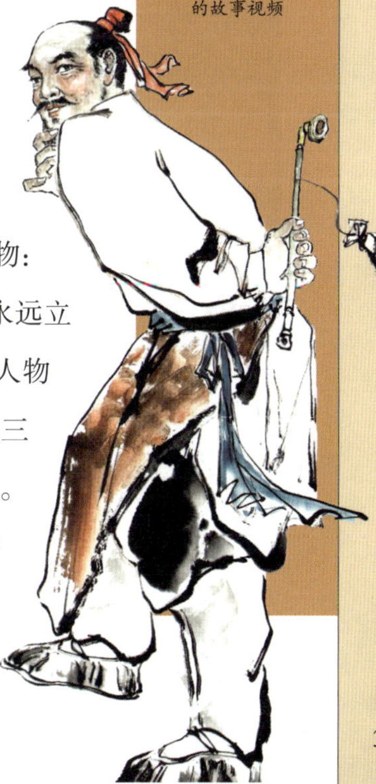

1984 年，在全国首届机智人物研讨会上，专家学者认为“贱三爷”是唯一活跃在我国城镇的一个民间机智人物：他不仅聪明机智、才识过人，而且武功不凡，文争武斗永远立于不败之地；他经历丰富，干过百行百业，是其他机智人物无以能及的；许多机智人物多受迫害摧残不得善终，“贱三爷”老年还乡，安度晚年，这也是其他机智人物无以比拟的。

2008 年，由沈远义搜集整理、蔡甸区非遗保护分中心出版的《贱三爷故事集》（上、下册），共收集“贱三爷”的故事 450 个。贱三爷的故事流传甚广，已逐渐成为武汉人的一个文化符号。2009 年，贱三爷的故事被列入湖北省第二批省级非物质文化遗产名录。

沈远义口述

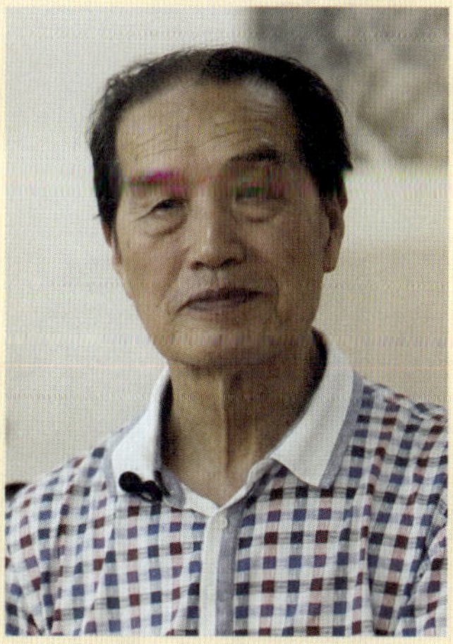

沈远义，“贱三爷的故事”省级代表性传承人。1968年从部队复员，一直致力于“贱三爷”故事的收集整理与传承传播工作，已整理出版贱三爷故事450余篇。

武汉话里有一句俗语叫：“汉阳来的贱三爷”，很多人从小挨骂：贱三爷，你生得贱吧，你是汉阳来的贱三爷吧。他们以为贱三爷是生得贱的意思，其实不是的，贱三爷是一个平民英雄的人物形象。

我老家就在老汉阳县的蔡甸镇，我的祖父沈海山，曾在蔡甸镇上开茶馆，是有名的“故事篓子”。我的父亲沈开堂后来在蔡甸开饭馆，从蔡甸到汉口后，经常讲贱三爷的故事。我从小就听着父辈们讲故事，对贱三爷这个人物就有一种情怀，听着听着我就开始记，因为我要讲给别人听。到了1980年，因为我是搞写作的，省市群众文化馆突然把我调去了，调到蔡甸办学习班，抢救民间文化遗产，就是回忆整理民间传说民间故事这些东西。我一想，那我就写

贱三爷吧。40多个故事，当时一下就让省市专家学者有点惊讶了：继续写继续写，有多少写多少。我当时写的《贱三爷的故事》发表在《长江日报》上，受到不少读者关注。好多人写信打电话到报社，说现在看到《贱三爷的故事》以后，才知道贱三爷不是像人们说的生得贱，他原来是一个英雄人物。于是这个贱三爷在我们的印象里面从一个不怎么好的形象变成了一个正面的英雄形象。

我走访武汉三镇，收集整理了《十坛金银》《爷不跪爷》《细伢无腰》《金殿比武》等450多个贱三爷的故事，从这些故事里面，我们看到一个豁达豪爽、机智幽默、舍己为人、行侠仗义的民间机智人物，其乐观豁达的性格，有着武汉人火热的情怀；他那不惧恶势力的斗争精神，是武汉人耿直勇敢性格的表现。记得在蔡甸，就是我们老汉阳在汉口那边打工的，一般是做三种行业：剃头的、搓背的、修脚的，是最瞧不起的三种行业——“贱三业”。但是有一次贱三爷跟有钱人的生意人在一起的时候，他们问他到底是做什么的，贱三爷就说了，我一说我就吓到你们了。生意人一听很奇怪，你什么行业，还吓到我们了，说来听听。贱三爷就说了三句：我敢摸皇帝的头，能搓大臣的背，娘娘的脚我随便修。别人就问他到底是干什么的，他把工具一摆：剃头刀、搓背的毛巾和修脚的刀。那些人就笑

起来了，以为你什么了不起的行业，原来是“贱三业”。但是贱三爷这个时候不这样想，他认为我就是鼎鼎有名的贱三爷。贱三爷就这么来的。

关于贱三爷的来历，还有一种说法。原来汉阳县到处都是山包包，仙女山、锅顶山、扁担山、金牛山、梅子山，等等，地处江汉平原一带，出门却要爬山，所以当地人都烦，因此有了“见山厌”之说。“见山厌”与后来的贱三爷就混为一谈了。

1984 年，在全国首届机智人物研讨会上，“贱三爷”被认定是唯一活跃在我国城镇的一个民间人物。在全国七八百个机智人物里面，只有他是生活在城市的，他也是雇工、农民、打长工这样的出身，农忙的时候在农村里做活，农闲的时候就到城镇里打工。全国七八百个机智人物里面，很多都不得善终，但是贱三爷不一样，他有武功，智勇双全、文武全才。因此他能从农村里出来，一直走向城市，然后又到了抗倭寇的战场，最后几十岁时平安地回

到了家乡。这种能够善始善终的机智人物是不多的。

为了让贱三爷的故事让更多人知道，最近几年，我将贱三爷的故事与其他的民间艺术相结合，创作了不同形式的故事载体。我组织武汉市老战士艺术团，用贱三爷的故事编排湖北慢板剧——《豆芽菜》，在2018年的“文化遗产日”登上了舞台，受到观众一致好评。

贱三爷故事中国龙风筝艺术，一共是两条龙，叫双龙戏珠，一条是金龙，红金龙，还有一条黄的；每条龙长70米，每条龙的故事都是65个故事，合起来是130个故事。这两条龙风筝采用串片式，每一串的叶片上绘制着一个贱三爷的故事，耗时半年才制作完成。

杖头木偶的非遗传承人张威铭还为贱三爷做了三个木偶，头戴方巾、浓眉大眼、一脸正气的是贱三爷，头顶官帽、肥头大耳、满眼势利的是县太爷，财主老爷则是斜眉奋眼、一脸的算计。别看只有三个木偶，却能演很多的贱三爷故事。

我还和蔡甸区文化馆一起举办了贱三爷剪纸展，一幅剪纸一个故事，50幅剪纸故事全是我自己写下来。我希望，大家能从这些直观的表演和手工艺术中感受到贱三爷豁达豪爽、机智幽默、敢作敢为的性格特征。

今后我还要将贱三爷的故事和更多的民间艺术形式相结合，用大家最喜闻乐见的方式讲述贱三爷的故事。

贱三爷故事选登

扁担山题诗

汉阳的扁担山，以前不是埋死人的。有一天，县太爷从这里路过，诗兴大发，捋着胡子吟了一首诗：

“此山名叫扁担山，
扁担山上无扁担；
要是山上有扁担，
那才真叫扁担山。”

他好生得意，要贱三爷打一块石碑，把他的诗刻在上面。

贱三爷看看县太爷那个神气的样子，么事都冇说，就动手打石碑。

过了几天，石碑打好了，贱三爷要县太爷到扁担山上去看碑。县太爷带着师爷、一班衙役，还有那些捧场的文人、绅士一同来到扁担山。只见石碑上蒙着红布，县太爷高高兴兴地揭掉红布，看到石碑上除了自己的诗外，还写着四句，就顺口念了出来：

“扁担山上无扁担，
真有扁担不是山。
县官胡说又乱侃，
真该打你三扁担！”

萝卜、鳝鱼、猪

贱三爷同县太爷、县太爷的两个女婿坐在一张桌子上喝酒。县太爷仗着两个女婿是秀才，想为难贱三爷。

县太爷说：“有一次，我看到一棵苹果树，树上的苹果半边红、半边青，这是么原因呢？”

大女婿连忙说：“岳父大人，此乃是日照之故也。日头照着的半边是红色，日头照不着的半边呈青色。”

县太爷听了连声称赞：“对！对！喝酒。”

贱三爷把杯子一放说：“大先生，那我问你，红萝卜埋在地里，几个月不见太阳，一拔出来是红的。它为么事不是青的呢？”

大女婿被问得张口结舌，说不出话来。

县太爷赶忙遮盖：“喝酒！喝酒！”

过了一会，县太爷又问：“鸡子和鸭子都有翅膀都有脚，为么事鸭子能在水里游来游去、钻进钻出，鸡子就不行呢？”

二女婿答道：“鸭子身披避水毛、分水掌，所以能在水里钻进钻出，游来游去。”

县太爷又大声称赞起来：“好一个避水毛、分水掌，真有学问，不愧为高才！”

贱三爷嘿嘿一笑，说：“二先生，鳝鱼冇得么事避水毛、分水掌，在水里钻进钻出、游来游去不说，还能在田埂上打洞，这又么样讲呢？”

二女婿眨眉眨眼，红着脸答不上来。

县太爷只好说：“都喝酒！都喝酒！”他见两次都冇把贱三爷难倒，还弄得两个女婿很难堪，心里的气更大，突然说：“你们说说看，为么事我和太太额头上都爬满了皱纹呢？”

两个女婿马上站起来，举杯祝贺：“岳父岳母福寿齐天，年高德重，这皱纹多是说岳父母福多寿长！”

县太爷听了喜得合不拢嘴来。

贱三爷说：“莫听他们瞎说！猪娃一生下地，额头上就有蛮多皱纹，随它么样福多寿长，到头来，也免不了挨一刀！”

县太爷气了个半死。

专家点评

湖北武汉人"骂"那些有福不享、自找罪受的"倔人"时，嘴里时常会出现这样一句话："汉阳过来的——'贱三爷'！"

"贱三爷"的故事从明朝中期就开始在民间广为流传，距今已有500多年的历史。故事发源地为"晴川历历，芳草萋萋"的汉阳古城，后流传于武汉市及周边地区。

"贱三爷"是生活在明朝中期汉阳县的民间机智人物，他出身卑微，是下层民众的代表；他机敏聪颖，足智多谋，被人们视为智慧的化身；他滑稽风趣，诙谐善谑，富有幽默感；他兼有舍己为人、扶危济困、富贵不淫、贫贱不移的品德，并具有"越是狠的越不怕"的豪气。他没有固定职业，干过百行百业，他斗地主豪绅、奸商高利贷者、流氓地痞从不手软，帮助穷苦人从不吝啬，宁可自己挨饿受冻也要资助受苦难的人。他敢于傲视权贵，戏弄豪绅，常常到处行侠仗义，采用各种巧妙的手段为民除害，并且嘲讽一切愚昧落后的现象，他是活跃在城镇的"阿凡提"式的城镇下层社会劳动者的典型。总之，"贱三爷"是一个集中概括旧时代城镇劳动人民叛逆精神、丰富智慧和理想愿望的艺术形象，在民间留下了极为丰富的故事与传说。

"贱三爷"故事表达了人民群众反对侵略、反对压迫剥削、渴求伸张正义，摆脱不合理境遇的愿望；赞扬真善美，鞭笞假恶丑，揭示了人民群众乐观进取、自强不息的精神面貌，具有较强的现实性和人民性，是楚文化孕育出的文化品格典型。

湖北省省级非物质文化遗产

梁子湖传说

梁子湖被科学家称为“化石湖泊”，系湖北省第二大淡水湖，俗称樊湖，据说因汉高祖封樊哙于荆楚，樊哙迁居于此而得名。

“梁子湖传说”包括梁子湖的由来、武昌鱼的由来、梁子湖的爱情故事和梁子湖、龙泉山的神奇美景等内容的系列民间传说。“梁子湖的由来”“牛山与鳊鱼潭”，揭示善有善报、恶有恶报的辩证关系，劝告人们从善如流、扬善弃恶；“武昌鱼的由来”，赞叹山川之美、生活之美、劳作之美；“南北嘴的传说”，讴歌纯真的美好爱情；“雷打洲”，告诫人们孝敬长辈，养老善终，继承传统美德。

梁子湖的传说吸纳千百年岁月的沧桑，承载世世代代的希望，浸润着祖祖辈辈的梦想。2013 年，梁子湖传说被列入湖北省第四批非物质文化遗产名录。

扫一扫
观看梁子湖
传说视频

梁子湖传说

相传很久以前梁子湖是一块陆地，叫高唐县，县城人气很旺，热闹繁华，百姓安居乐业。

有一年来了个县官，名叫何海仁，他一上任不做好事，专门欺压百姓，整天茶馆进，酒馆出，不察民情，不理民事，见到漂亮女子就抢进县衙，见到黄金白银此就塞进腰包，闹得鸡犬不宁、民不聊生，老百姓都叫他“活害人”。

一天中午，大街上突然来了个疯和尚，手里拿一把破雨伞，口里高喊着：“换伞了，坏伞换个好伞啦！”人们只当他是疯子，谁也不理他。后来，和尚看见一户姓樊的母子两个站在门口，连忙拱手说道：“天马上要下雨了，贫僧的破伞遮不住雨、挡不住风，求你广结善缘，换把好伞给我赶路。”姓樊的妇人见他可怜，叫儿子将家里的一把油布伞换给他了。僧人谢过以后，小声对妇人说道：“三天以后高唐县要沉入湖底，你叫儿子每天去县衙门口望望石头狮子，要是石狮口里流血，你母子就朝高山上跑，不然就会淹死的。”妇人还想问个清楚明白，和尚已不见了。妇人想，这和尚不是一般的人，想必是高人，他的话虽不可全信，但也不可不信。

第二天，妇人叫儿子去看石狮子，儿子回来说，没见口中流血。第三天儿子

又去了，正看得入神，来了个屠户，奇怪地问："你昨天来看石狮子，今天又来看石狮子，莫不是有么名堂？"他老老实实地回答："我娘听人说，石狮子口里流鲜血，高唐县就要沉，叫我天天来看，是不是真的。"杀猪的屠户哈哈大笑："哪有石狮口里会流血的呢？"说完就走了。

屠户是个爱开玩笑的人，当夜杀完猪后，把一碗猪血泼在石狮子口里就溜走了。天刚麻麻亮，樊伢子看见狮子口里真的有血，赶快回家告诉娘。娘说：“快去告诉左邻右舍往山上跑！”母子二人，家家送信，等百姓都跑光了，娘儿俩才朝山上奔。跑去县衡门口，看见里面灯火辉煌，“活害人”还在饮酒作乐。娘说：“儿啊，行个善，喊他们一声吧。”儿说：“‘活害人’害了多少人，莫管他们！”话刚一落音，一时天崩地裂，几丈高的水头翻滚过来，县衔转眼就不见了。儿子忙把娘背在身上，但四处无路，突然看见很大一片荷叶

浮在水面，娘儿俩赶紧爬了上去。说来也怪，这荷叶便将母子二人托住了。水涨荷叶高，叶不动，茎不摇，稳稳当当。这时“活害人”正在水里挣扎，大喊救命。儿子说：“你残害了多少百姓，今天让龙王收了你吧！”恰好一个浪头打过去，把“活害人”卷入水底喂了鱼。

从此，高唐县就变成了百万亩的湖泊，樊家母子坐的那片大荷叶，变成了一个洲子，就是传说的“沉了高唐县，浮起荷叶洲”。人们为了感谢这娘俩的报信之恩，就将大湖取名为“娘子湖”，后来人们叫白了，就叫成“梁子湖”。年深月久，荷叶洲住的人越来越多，逐渐形成了今天的梁子镇，也叫梁子岛。

专家点评

《梁子湖的传说》根源于梁子湖、流传于梁子湖、汇纳于梁子湖、成熟于梁子湖，并服务于梁子湖。它的主要价值集中表现在赞叹梁湖之美、生活之美、劳作之美，如“武昌鱼的传说”“梁子湖的传说”“南北嘴的传说”，等等。

千百年来，生于斯、长于斯的梁子湖人，茶余饭后，劳作之余，一代一代传承着丰富隽永的梁子湖传说，人们以梁子湖为自豪，歌颂她，赞美她，并用这些传说进行宗教源流、礼典遗训、孝敬长辈、训子育人、为人处世、交谊结友、和睦邻居、从善为人、友好往来的文化熏陶。

了 不 起 的 非 遗

L I A O B U Q I D E F E I Y I

传统音乐

古琴艺术	人类非物质文化遗产代表性项目
单弦拉戏	湖北省省级非物质文化遗产代表性项目

人类非物质文化遗产

古琴艺术

古琴又称“琴”“七弦琴”，别称“绿绮”“丝桐”，主要体现为一种平置弹弦乐器的独奏艺术形式，也包括唱、弹兼顾的琴歌与琴、箫合奏。古琴艺术是继昆曲之后被列入联合国“人类口头与非物质遗产”的第二个中国文化门类。

琴棋书画，曾是中国古代文人引以为傲的四项技能，也是四种艺术。其中，琴乐是中国历史上渊源最为久远而又未曾中断的一种器乐形式，其可考证的历史有三千年之久。“高山流水”“焚琴煮鹤”“对牛弹琴”等妇孺皆知的成语都出自和琴有关的典故。然而，由于琴自古是文人自我陶冶的一种雅好，很少在公众场合演奏，所以现代人对它的了解十分有限。

扫一扫
观看古琴艺术
视频

古琴演奏是中国历史上最古老、艺术水准最高，最具民族精神、审美情趣和传统艺术特征的器乐演奏形式。古琴琴长约三尺六寸五分，象征一年三百六十五天；琴肩宽六寸，象征六合；琴尾四寸，象征四时。2003年11月7日，古琴艺术被联合国教科文组织列入世界第二批人类非物质文化遗产代表作名录。2006年5月20日，古琴艺术被国务院列入第一批国家级非物质文化遗产名录。

丁承运口述

丁承运，1944年出生，古琴艺术国家级代表性传承人。丁承运早年师从古琴大师顾梅羹与张子谦先生，其琴风苍古遒逸，儒雅蕴藉，气象高远，一派灵机，运指如行云流水，于中正和平中寓雄浑磅礴之气，是我国当代最有成就的琴家之一。2003年，中国古琴成功入选联合国"人类非物质文化遗产代表作"，丁承运功不可没。

古琴实际上是中国古代文化艺术比较核心的内容。孔子讲六艺，礼乐书数御射，"乐"主要就是指琴艺。孔子酷爱弹琴，无论是在杏坛讲学，还是受困于陈蔡，操琴弦歌不绝。到魏晋南北朝的时候，不再提六艺了，改称琴书，左琴右书，成为魏晋时期士人的一种生活方式，也是他们艺术化的生活符号。

我的老家在河南，兄弟姐妹6人中有4人学习音乐，二姐是我国古筝名家丁伯苓。我从10岁起，跟着二姐学习古琴、古筝等乐器，对古琴情有独钟。后来通过二姐的引荐，拜古琴大师顾梅羹教授为师。1964年，我来到武汉音乐学院的前身湖北艺术学院读书，与武汉的一些古琴老先生，如陈树三、黄松涛等人，结为琴友，经常"雅集"切磋技艺。毕业后到河南大学教书，又利用假期到上海向张子谦先生求教。

古琴演奏非常高雅，但是技艺传承不易，主要的原因是我国古代使用的琴谱为“减字谱”，这种记谱法使用减字拼成特殊符号记录，左手按弦，右手弹奏，是一种只记录演奏法和音位，不记录音高、节奏的记谱法。因为这种古老的记谱法存在一定的传播局限性，所以我国现存的古谱大部分已成绝响，必须经过“打谱”将其恢复成可以演奏的音乐，才能传承下去。所以我一直在古琴曲谱的音色还原、弹奏的方式和感觉方面进行探索。

古琴最初只有五根弦，内合五行，金、木、水、火、土；外合五音，宫、商、

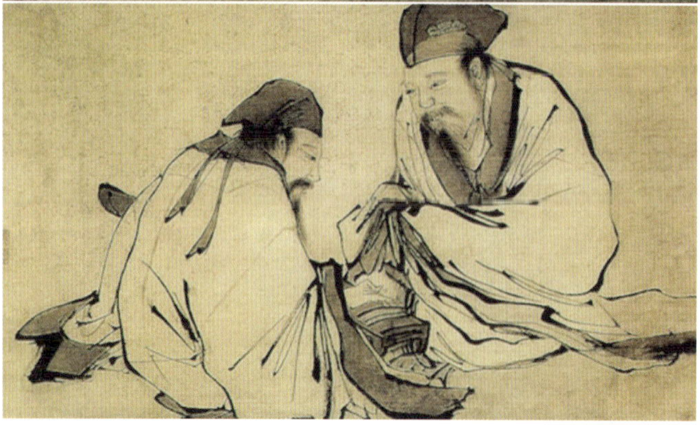

角、徵、羽。后来文王囚于羑里，思念其子伯邑考，加弦一根，是为文弦；武王伐纣，加弦一根，是为武弦。合称文武七弦琴。古琴有十几种不同的琴式：仲尼式、伏羲式、列子式、连珠式、灵机式、落霞式、伶官式、蕉叶式、神农式、响泉式、凤势式、师旷式、伶官式、鹤鸣秋月式。不同的琴式，音色也不相同。过去讲琴有九德——奇、古、静、透、圆、润、清、匀、芳，具备这九德才是最好的。一般的琴不大容易九德俱全，能够占个五六德，就是很好的琴了。

在中国上古时期有一个非常引人注目的文化现象，就是文献中几乎所有提到琴的地方都是琴瑟并称。例如

《诗经》中的“我有嘉宾，鼓瑟鼓琴”，更有用“琴瑟和鸣”比喻夫妇情笃和好。我们近几十年的考古发掘出了上百张古瑟，这些瑟是怎么弹的，我们就想把它复原出来。但是瑟的曲子都失传了，不过古琴的传承没有中断，还保留着一些上古的曲调，那么我们就把上古的曲调发掘出来，然后再跟古瑟相配，本着和而不同的原则，把古瑟复原出来。

我妻子傅丽娜也是武汉音乐学院的教授，我俩一起研究，从1998年开始尝试恢复古瑟，2000年的时候，我们根据多座古墓出土的古瑟。成功将失传已近千年的古瑟复原。一直到2003年，终于使“琴瑟友之”成为现实。这条路非常艰难，要做到琴瑟和谐并不容易，其中每一个音韵的把握都十分微妙。后来，我和妻子两人弹奏并出版了《琴瑟和鸣》音乐集，这张唱片也是全球首张琴瑟和鸣专辑。

我的女儿丁霓裳受家庭熏陶，从小就爱上了古琴，从7岁开始跟着我学琴，现在已经是上海音乐学院古琴专业的研究生，时常会和我们一起参加古琴演奏音乐会。

古琴的韵味是虚静高雅的，要达到这样的意境，要求弹琴者必须将外在环境与平和安适的内在心境合而为一，才能达到琴曲中追求的心物相合、人琴合一的艺术境界。我对于自己的学生，包括我的女儿，都没有硬性要求他们，但是他们跟着我耳濡目染，自己慢慢就进入了。

2003 年，中国古琴成功入选联合国“人类非物质文化遗产代表作”，在组织申报材料时，我提供了一些文献，主要介绍了我演奏的上古琴曲《神人畅》，也是为了让越来越多的人喜欢古琴艺术、欣赏古琴艺术，让古琴文化能进一步走进我们老百姓的生活中。

现在我带了很多学生，也举办了很多古琴大师班、大型演出，就是为了将古琴艺术在当今发扬光大。对于我来说，接下来还有很多工作，一是集中发掘琴歌艺术，让古琴可以一边弹一边唱，二是发掘古琴与古筝、箜篌等不同乐器的合奏形式，我还计划出版一部《古琴打谱集》，将更多仅有指法的古谱变成可以演奏的音乐，让更多人爱上这门优秀的中国传统文化。

专家点评

古琴，是中国古典文化最典型的标志之一，从《诗经》歌咏的“妻子好合，如鼓琴瑟”，到当代琴家的风雅新韵，或手心双畅怡然自乐，或高山流水知音和谐，琴音贯通中华文化深厚的精神气息。

丁承运治琴学凡六十余载，识琴、学琴、谱琴、斫琴、论琴，孜孜以求，终成当代最有成就的古琴艺术大家之一，其古琴演奏被学界佳评为“雄浑高古，儒雅蕴藉”。尤其在近年过度“技巧”乃至“机巧”的时尚里，他秉持对中华文化的解悟融入琴艺，运指举重若轻、出音苍古雄浑、琴风凝重大雅，继承传统又赋新意于古谱，具有经典权威示范意义。其理论研究追根溯源，特别是他长期潜心中国古代乐律学、古瑟定弦及演奏技法、琴曲打谱等学术探索，逐步取得突破性丰硕成果，不仅揭示古琴音乐艺术乃至古代民族音乐的一系列“密码”，而且使失传千载的古乐于当代重新鸣响。

自从古琴艺术被联合国教科文组织列入“非遗”名录后，身为音乐教育者的丁承运更加投入古琴艺术的传播、普及和教学工作。在高校专业人才培养上，他摒弃常规的演奏员标准而以琴学标准培养学生，强化古琴教学与中华文化和中国音乐教育根基的融合。近年来，步入古稀的他承古琴雅韵，游走奔波于大学课堂和各种大众琴艺普及的讲堂，为传播民族音乐倾心尽力。2017 年丁承运荣膺“中国非遗年度人物”称号。

（撰稿 宋辉）

湖北省省级非物质文化遗产

单弦拉戏

扫一扫
观看单弦拉戏视频

一个人、一把琴、一根弦，却能惟妙惟肖、以假乱真地模拟出人声、演唱、说白、锣鼓，甚至鸡鸟啼鸣的音响，这种表演艺术被称为“单弦拉戏”，有着“艺坛一绝”的技艺称号。

单弦拉戏是由“三弦弹戏”“三弦拉戏”演化而来，“三弦拉戏”首创者为清末北京艺人王玉峰。20 世纪 20 年代，苏州艺人顾伯年 15 岁时拜在苏州流浪的北方盲艺人玉春普为师，学习三弦弹戏、三弦拉戏。在多年的从艺生涯中，顾伯年深感大三弦太长、把位过宽，表演不便，遂尝试改用小三弦。经过进一步实践，又将三弦去掉两弦，只存一弦，“单弦拉戏”由此而得名。1951 年，顾伯年和其子顾耀宗将生在苏州的“单弦拉戏”带到了武汉，并扎下了根。

顾耀宗师承其父，在琴的制作、演奏技巧、演奏曲目等方面进一步改进发展，形成一弓一弦一指的独特演奏艺术。演奏时换弓较快，上、下把位灵活自如，演奏音域和音量扩大，音色较为明亮。通过单弦大幅度的“注音”“滑音”“揉弦”等技巧，表现人声演唱时的“运气”“喷口”“咬字”“行腔”等效果。为适应时代的发展和当代观众需要，表演曲目

单弦拉戏创始人顾伯年

也由原来主要演奏京剧唱段扩展到既可模拟戏剧音乐、唱腔和人物道白，又可演奏中外民歌、名曲。

随着几代民间艺人和艺术家的不断挖掘、探索和发展，单弦拉戏已在老百姓心中生根开花，其足迹遍布多个省市，也曾远涉海外；受众既有党和国家领导人，也有普通百姓，还有海外华人和国际友人。

赴朝慰问团顾伯年、顾耀宗父子在朝鲜慰问演出

顾丽敏口述

顾丽敏，1986 年出生，顾耀宗孙女，“单弦拉戏”市级代表性传承人。从小跟随爷爷学习单弦拉戏的她多次受国家领导人接见并赴港澳、欧洲等地参加演出。她将“单弦拉戏”与西洋音乐结合，大大拓展了单弦拉戏的艺术风格和舞台表现力。2013 年 10 月，顾丽敏和广州梅兰流行交响乐团合作，演出了第一首专门为单弦谱写的音乐作品《单指琴魔》。

单弦拉戏，至今有一百多年的历史了，它的创始人是我的祖爷爷顾伯年。他出生在苏州，当时有一个叫玉春普的北方艺人去苏州那边演出，表演了一段三弦拉戏，我祖爷爷看了之后就痴迷地爱上了三弦拉戏。

后来我祖爷爷师从玉春普，学习三弦拉戏，他不仅能表演戏曲生、旦、净、末、丑各行当，也是吹、拉、弹、唱的一把好手。20 世纪二三十年代，姑苏城里的那些演艺场里可以经常看见我祖爷爷的

身影。他刻苦钻研，发现去掉两根弦，只用一根弦、一个手指模仿戏曲，效果比三根弦更好，于是就逐渐开创了单弦拉戏这种表演技艺。后来我祖爷爷带着我爷爷来到武汉，在民众乐园里表演。那个时候我爷爷一直用京胡给我祖爷爷的单弦拉戏伴奏，所以那时看到的单弦拉戏基本上是我的爷爷和我的祖爷爷两个人一起同台演出，他们被人们称为拉戏大王。

1971 年我祖爷爷去世之后，我爷爷接下我老爷爷的这个班。他对单弦拉戏的贡献是把琴杆加长了，把丝弦改成了钢丝弦，把木质琴筒变成了铜制琴筒，音量更大，音色更圆润。在曲目方面，爷爷又拉了很多新戏，比如说汉剧啊、楚剧啊、特别是在当时流行的现代戏。爷爷尤其擅长现代戏曲唱腔的演奏与创新，既有京剧和各种地方戏曲不同行当、不同形式的唱腔，也有民间歌谣小曲小调，尤

其是模仿各类鸟啼、禽叫、犬吠、马嘶等自然音调，惟妙惟肖，趣味盎然。

我从音乐学院毕业后，爷爷希望我能将学校学到的知识用在祖传的单弦拉戏上，但是因为年纪小，觉得学拉戏很累，不愿意吃苦，所以跟爷爷学得断断续续的。为了培养我的兴趣，爷爷每次出去演出、大大小小的活动，他都把我带在身边，就是让我看，在台下看，在后台看，让我受到熏陶，渐渐喜欢上这门乐器。我觉得爷爷对我做的那些辅助的教育还是挺有作用的，到后来我自己真正地愿意拿起琴来练习的时候，就是一种发自内心的喜欢了。

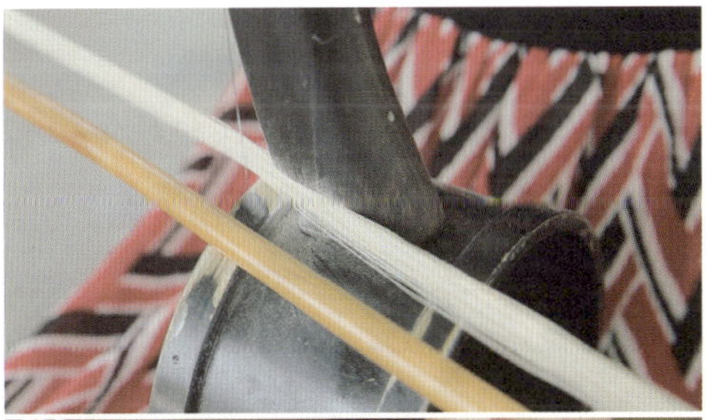

2012 年，我跟随丈夫定居广州，成为广州天河区文化馆的一名群众艺术工作者，我把“单弦拉戏”这门艺术也带到了广州。我在爷爷的基础上，又进行了拓展，把单弦拉戏与西洋音

乐结合在一起。2013年，我和广州梅兰流行交响乐团合作，演出了第一首专门为单弦谱写的音乐作品《单指琴魔》。这个音乐作品用的是红琴。红琴的演奏方式也是用一个手指，后面就是用大型交响乐团伴奏。观众的反响挺好。首先是这个曲目让人耳目一新，大家都很喜欢；接下来就是觉得这门乐器新奇，原来我们中国还有这样一种乐器，还有这样一种表演形式，让更多的朋友都认识到了这把琴。

现在我在整理和收集关于单弦的演奏法和练习曲，我想把这套东西整理好之后出版，作为单弦拉戏的正式教材。因为我们的教学一直是一种口传心授的方式，有了教材之后，才能更好地推广，在教授学生的过程当中更容易上手。

专家点评

单弦拉戏是中国古代民间乐器中拟声技艺的一支弥足珍稀的遗存品种，由清末民初北京王玉峰、上海沈易书等民间盲艺人所创，模仿梨园皮黄诸腔的“三弦弹戏”“三弦拉戏”（也称“南方拉戏”）等演化而来。

武汉顾氏单弦拉戏源起20世纪20年代苏州，50年代落户江城，一门三代艰辛坎坷百年传承，使一项源于“外来”的“民间小技”终成倾倒三镇观众的“江城一绝”，甚至入列省级“非遗”。这得益于他们在演艺实践中的改革和锐意创新，尤其第二代传人顾耀宗大胆改革，将琴筒改木质为铜质，改丝弦为不锈钢弦，并将琴身加长至80厘米、琴弓加长至85厘米，使乐器音域扩大、音色更为圆润，进一步增强了民间乐器拟声的逼真性和诱惑力。到21世纪初，顾氏家族的新生代顾丽敏更是在潜心传承家族技艺同时，为家传技艺增添了丰富的戏曲、民歌与当代流行歌曲等元素，与时俱进地使“古老”走向“时尚”，赢得众多年轻观众。

一弓一弦一指一戏，代代相传铸就艺心。顾家单弦拉戏在不断传承与创新中深深融入江城文化，形成了一套独特的按指方法与演奏技巧。这种曾被武汉观众喜闻乐见的文艺品种进入21世纪，不可避免地面临着后继乏人和受众减少的传承窘境。

和许多被列入各级“非遗”的“小微文艺”品种一样，如何在“大时代”突破发展瓶颈是亟待解决的课题和难题。

（撰稿 宋辉）

了 不 起 的 非 遗

L I A O B U Q I D E F E I Y I

传统体育、游艺与杂技

龙舞（高龙）	国家级非物质文化遗产代表性项目
武当纯阳拳	湖北省省级非物质文化遗产代表性项目
杨氏洪门拳	湖北省省级非物质文化遗产代表性项目
袁氏飞叉	武汉市市级非物质文化遗产代表性项目

国家级非物质文化遗产

龙舞（高龙）

龙，是中华民族图腾的象征。在我国民间，自古就有春节、元宵节舞龙灯的习俗。武汉高龙起源于唐贞观时期，广泛盛行于汉阳永丰龙阳湖、江堤鲤鱼洲区域，距今已经有1400多年的历史。

每逢春节，永丰乡的龙阳村等三个村落和江堤乡的渔业村等六个村落，村民们都要舞动高龙，祈祷风调雨顺、平安幸福。

1999年12月，由永丰乡龙阳村高龙队、江堤乡渔业村高龙队共同组团的“武汉高龙之舞”代表团受邀晋京参加中华舞龙大赛，荣获金奖第一名和首届中国民间文艺“山花奖”第一名，被誉为“双冠龙”。12月19日、20日凌晨，在天安门广场，他们为喜迎“澳门回归”尽兴欢舞，并登上八达岭长城拍摄世界文化交流专题片《相逢新世纪》。

武汉高龙造型奇特，龙头、龙身、龙尾三部分是分开的，并

扫一扫
观看龙舞（高龙）视频

非连成一体。龙头呈昂扬之态，龙眼浑圆，龙嘴宽深，口含龙珠，舞动时可以滚动自如，一根碗口粗的竹竿作为立骨贯穿其间，托举起来，高度在 5~6 米，重量一般在 50 斤以上，善舞者，甚至可以舞动百斤以上的龙头。龙身则是由 12 或 13 段太极八卦图形的灯节组成。

武汉高龙的舞法不同于其他龙灯，属于竖式舞法，场面宏大，气势磅礴，高龙龙头由 4~5 人主宰中心表演，轮番上场，每人包揽一到两项绝活，龙头始终呈昂扬之态，变幻出叩、扫、举、抖、顶、托等多种粗狂、潇洒的舞技。所有灯节每轮跑动一次，穿插、游动，或圆场或半弧或平行，与锣鼓点同步，共同为龙头舞者助威。

武汉高龙的“开光显灵”和“升天入海”，与其他民间民俗传统祭祀一样，要举行庄重肃穆的仪式。“开光”之初，由年长位尊者，手持号灯吟唱。此时，不分尊卑贵贱，

不分男女老少均合掌叩首，祈求神龙赐福保佑。从正月初八开始贴片点彩，到正月十一夜的“开光”，高龙即为神灵附体之躯。正月十五舞龙结束，高龙“升天入海”。点火把擎号灯之后，高龙通体化为火龙，即为“抢福”之时。高龙全身每一个部位都与福、禄、寿、禧相应对，如抢到龙珠者，吉兆财源茂盛、珠宝盈门；分享龙须者，吉兆长寿、添丁加口；抢到彩珠者，吉兆官运亨通、姻缘美满等。

2008 年，武汉高龙入选第二批国家级非物质文化遗产。年年有节令，岁岁舞高龙，龙舞作为我国民族文化的一部分，是中华民族不屈不挠精神的象征。高龙表演者们说，舞龙人就是要时刻提着一口气，舞出中华民族的精气神。

刘卫祥口述

刘卫祥，1977年出生，“高龙”国家级代表性传承人。12岁拜王自力为师学习舞龙头。数十年的舞龙经历使刘卫祥积累了丰富的舞高龙经验，使叩、扫、举、托、抖、顶等舞龙绝技更加精细、惊奇、惊险。他曾多次带领渔业村高龙赴台参加文化交流。

我们武汉高龙为什么不是连成一体，而是龙头、龙身、龙尾三部分分开？其实有一个传说故事。唐朝贞观年间，中原遇上大旱，西安城百日无雨，皇帝李世民上书玉帝求雨。玉帝要求龙王按照“西安城内三寸，城外四寸”降雨，结果龙王把雨下反了，城内四寸，城外三寸，一时间西安城内洪水泛滥。玉帝龙颜大怒，下令立即斩杀龙王，由道家出身的魏徵奉御旨监斩龙王。龙王无奈，向相士求救，相士指点他向太宗李世民求情。于是，李世民急宣召魏徵进宫伴驾弈棋，帮助龙王逃过午时之劫。没想到，君臣弈棋的时候，魏徵忽然伏桌而睡，仍在梦中斩杀龙王，向天庭缴旨。后来，李世民下令每年正月初一到十五祭祀龙王。因为龙王被斩，于是民间就将龙身断作十三节，称为十三太保；因为魏徵是道家出身，

于是每节龙身上就画上八卦等图案。以后，高龙就逐渐成了人们在春节时祭祀、庆祝的一种活动了。

我12岁开始拿龙身，17岁开始有点块头了，开始玩高龙。一开始用手举、用肩托，师傅一点点地教，一点点地练，到了24岁的时候，正式玩绝技，玩高龙的绝技，就是“口衔齿托”，把龙头放在头上面，跪在地下走，放在牙齿上面，跪在地下走，就这样一步一步玩的。

玩高龙要注意几个技巧，一个是风向，一个是心理素质要好，一个腰力、一个背力，不能慌。拿到这个高龙，首先第一条要看准风向，风向看不准，高龙拿到之后就跟着风跑了，那就不行。第一要看风向，第二要平衡度。

1999 年 12 月，由江堤乡渔业村和永丰乡龙阳村，我们两个乡的高龙队共同组成的 88 人高龙表演团，受邀进京参加中华舞龙大赛。全国舞龙比赛有 256 条龙，代表各省市去的。全国舞龙都是滚龙，就是一字龙，甩的龙，唯独我们代表湖北的是高龙。

12 月份去的北京，天气很冷，风特别大，一出场最少 6 级以上的北风。像我们这个高龙，说起来不高，4 米多，如果达到四五级的北风，基本上很难掌握平衡，难度相当高。但是等我们一上场，风就逐渐小了停了，我们玩完了，风才起来了。最后我们拿了两个第一名：中华舞龙大赛金奖第一名和首届中国民间文艺“山花奖”第一名，被誉为“双冠龙”。

2010 年我们应台湾中华文化经济交流协会的邀请，到台湾去表演，在台北、台中和苗栗举行了三场表演。当时高龙通体霓虹闪烁，龙眼灼灼，口喷五彩焰火，

再配上高难度的舞龙技巧，更增添了高龙的神秘感。上海世博会湖北活动周开幕，武汉高龙也应邀参加开幕式表演。向中外游客展现了荆楚文化的魅力和龙的传人不屈不挠的精神。

高龙已经传了几代人了。我们教徒弟不收任何报酬，都可以学。我收了 8 个徒弟。但不是每个人都学得会的，基本上要十几年磨练。

李光明口述

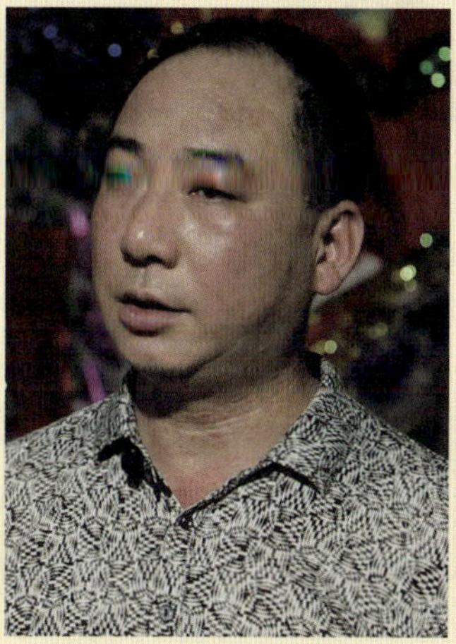

李光明，1968年出生，“高龙”省级代表性传承人。10岁师从汉阳区永丰乡龙阳村老艺人李国望、李之元、李志文，18岁开始表演高龙“口衔齿托”绝技。在龙阳村舞高龙表演中担任主舞，为高龙表演的革新做出了积极贡献。

武汉高龙的舞法不同于其他龙灯，属于竖式舞法，主要看点在玩龙头的，要做出叩、扫、举、抖、顶、托等多种舞技。平时我们训练的话，第一个动作就是打颤，第二个就是手举，第三个就是双手抛过去抛过来，第四个头顶，第五个肩扛，第六个手臂，最后一个动作，用口和牙齿把它托起来，托起来之后双脚跪下去，这是最艰难的一个动作。

我从1995年开始玩龙灯。我们原来玩龙灯，总是扛在肩膀上面，两头晃一下，当时还没有现在这些绝技。因为要出去比赛，平时我就琢磨舞龙技巧，看到别人的动作，我自己在家里面练，慢慢地琢磨出这些动作技巧，到后来我的门牙、板牙，为了训练这个“口衔齿托”的绝技，都掉了。

武汉高龙出名是参加中华舞龙大赛。1999

年 12 月，我们到北京参加比赛，一上去，两边的龙都向主席台敬礼，把礼敬完了之后就开始打颤，把颤打完了以后又开始肩扛、手托，再就是左右左右地抛，抛完了以后就是头顶、牙托。我们刚刚搞完是 9 分 50 秒，时间掐得相当准。因为我们在家里练习的时候，就是练这个时间问题。拿到两项奖以后，我们到领导那里去。我一进门，他们把我都抬起来了。他们高兴，把我抬着抛很高，那真的是每个人都恨不得要流泪，因为不简单啊，比赛我们拿到了双冠，真是不简单，特别高兴。

现在培养就培养玩大龙的，因为其他的小龙和节子，基本不要什么技巧，跟着跑就可以，只要把套路告诉他们就行了，关键大龙要技巧。我们现在是欢迎，你能够搞什么动作，你就进来搞，你搞得好，我就尽量发挥你鼓励你、支持你、促进你，要你来玩动作。另外，我们还在不断创新舞龙的技艺。

专家点评

春节舞龙灯是武汉人元宵节期间的重要民俗活动之一。范锴在《汉口丛谈》中描绘道："上元将近月波澄，人集江头语沸腾。竹马鳌山争上市，梅花风里卖春灯。"《武汉市志》也记录了汉阳区元宵这天"扎灯、卖灯、玩灯、看灯、人人忙碌锣鼓喧天，龙灯队伍，沿街起舞"。玩龙灯除了常见的滚龙、荷花龙、墨龙等，还有一种特殊的形态——高龙。2008 年汉阳高龙成功申报为国家级非物质文化遗产，代表着武汉的舞高龙是中华民族舞龙的一项重要的代表文化事项。

如今，以汉阳区龙阳村和渔业村为代表的舞高龙，已经形成了包括幡旗、号子灯、令旗等较为固定的龙队模式，并形成了包括了叩、扫、举、抖、顶、托和口衔齿托七个动作为一体的完整的舞龙头技艺，这也是汉阳高龙的独特之处。以龙阳村为代表的高龙队依托于龙阳集团和龙阳新村社区，成立了中国高龙·龙阳传习所，传习所制定了《"高龙"龙阳传习所管理办法》，量化了传习活动每年不少于 100 小时的标准；以文字、图片、录音、录像等方式全面记录了高龙的技艺；建立起了高龙文化档案；采取收徒、办学等方式积极培养后继人才；并积极配合相关部门开展展览演示、艺术创作、研讨交流、技艺创新等文化活动。

作为武汉市一项在民间生机勃勃活态传承着的国家级非物质文化遗产，汉阳高龙受到了武汉市、汉阳区、各级文化行政部门的大力支持，每年都受邀参加武汉市、汉阳区各级新春舞龙大赛、非遗展演等活动，不仅活跃了市民文化氛围，也受到了武汉市民的重视和欢迎。

湖北省省级非物质文化遗产

武当纯阳拳

扫一扫
观看武当纯阳拳视频

纯阳武术属武当龙门一脉，传为纯阳真人吕洞宾所创，是道家养生、健体、御敌的内家拳法。其拳理上应阴阳五行之理，下行方圆八卦之象，取自然之态成天人合一之形。自古至今，在道门内为单传密授。后经纯阳拳二十二代宗师刘理航先生传于武昌人氏汪兆辉，为纯阳拳二十三代传人。汪兆辉1986年在全国武术大赛上演示纯阳拳获得金狮奖，始将纯阳拳展示在世人面前。

武当纯阳拳分为归丹、沉丹，聚丹、守丹，还丹、抱丹、蓄丹、静丹八部，称之“八部纯阳”，其修炼之贯穿于纯阳功、纯阳拳、纯阳剑三技之中，是现在道家养生健身古法中的佼佼者。

2009年5月，武当纯阳拳入选第二批湖北省非物质文化遗产名录。

汪兆辉口述

汪兆辉，1945年出生，“武当纯阳拳”省级代表性传承人。自幼好武，1969年拜刘理航先生为师专习纯阳拳术，得先生亲传密授19年。1984年被武当山武当拳法研究会聘为武当拳法研究会特邀研究员。1986年参加全国武术观摩交流大会荣获国家体委颁发的“金狮奖”。先后编著了《武当纯阳秘功》《武当纯阳秘传、经脉气功》《武当纯阳拳炼养全书》等书籍，创办了“武当纯阳拳馆”。

武当纯阳拳出自道家，相传创始人是北五祖之一的吕洞宾，是他在武当山紫炁峰南崖宫修行是创立的。历代的武当道人延续吕洞宾的纯阳走步，逐渐形成了武当纯阳拳，到现在已经有1400多年的历史了。

我10岁的时候就开始练功，我记得当时读三年级。因为我蛮爱看武侠小说，喜欢武侠小说中的人物行侠仗义的风度和精神，所以对武术也蛮爱好。1967年，邂逅纯阳拳大师刘理航，经过了两年的考察期，1969年，我在蛇山武当宫正式拜刘理航大师学艺。因为不了解这项拳术的奥妙所在，只能从招式学起。难度很大，一个纯阳拳的起式——搂抱阴阳气沉丹田，我就学了一个星期。这个动作包含“起顿、旋转”四个字，要达到这四个字的要求不简单，而且动作一定要协调，动作和呼吸要配合得法。

1982年，师父觉得我技艺已成，于是带我去武当山给真武大帝、吕洞宾、张三丰等祖师爷磕头，算是出师。随后，在当年的武汉市首届武术比赛上，我受师父所托，参赛献艺，令人大开眼界，纯阳拳开始为世人所知。

纯阳拳具有传承脉络清晰，功、拳、剑法完整，实用性强等特点，

常加练习既能健肌体，又能和谐精神。武当纯阳拳以穿缠九宫、破走八卦、安定五行为法度，通过舒展流畅的肢体动作，配合呼吸之法，将武技融于阴阳五行的变化，以外五行的运动来调理内五行的健康，完美展现了“道法自然”道教养生哲学原理。其功法修炼可疏导脉络、经穴、滋润肺腑，以保精形相交、气形相合、精神相依；外运达筋骨皮以养其身，内练丹气潜发灵源达百骸，内外融为一体，阴阳合于一道，刚柔寓于一身，是名副其实的“功夫拳”。

我觉得武术这个运动，不把它发展继承下去可惜了。我现在有一个想法，我要在全国各地挑选10个品质、武德和练功都比较优秀的弟子，把师父的东西全部传承

给他们，这样我就觉得无愧于心，对得起我师父。

如今，武当纯阳拳也进入了学校，像武昌晒湖小学、武汉师范学院都在教学生练纯阳拳。推广传统武术不能靠一个人，我的徒弟越多，力量就越大，就可以把中国的文化传播得更广，让大家都能够懂得自己国家的文化是多么的宝贵。纯阳拳对健身行之有效，而且能够养生。还是老话说得好，越是中国的，越是民族的，就越是世界的，咱们要为武当纯阳拳叫好。

专家点评

武当纯阳拳属全真道武当龙门一脉，传为道教北五祖之一吕洞宾祖师所创，因吕祖号“纯阳子”，故称“纯阳拳”。“武当一黄庭，纯阳三分技”，其技之一即“武当纯阳拳”。纯阳拳是道家养生、健体、御敌的内家拳法。其拳理上应阴阳五行之理，下行方圆八卦之象，取自然之态成天人合一之形。

自古至今，纯阳拳在道门内为单传秘授，仅由全真龙门派历代传人秘修传习。到二十一代传人王至道道长时，纯阳拳已从武当山玉虚宫传至武昌的武当行院（武昌蛇山武当宫）。王至道祖师晚年传拳法于武当宫道人刘理航，是为纯阳拳第二十二代传人。后因战乱武当宫被毁，刘理航道长被迫还俗。1969 年，刘理航道长收武昌人氏汪兆辉为徒，是为纯阳拳二十三代传人。经过了多年的学习，1982 年，刘理航道长觉得汪兆辉技艺已成，于是带他去武当山给真武大帝吕洞宾、张三丰等祖师爷磕头，算是出师。随后，在当年的武汉市首届武术比赛上，汪兆辉受师父所托，参赛献艺，令人大开眼界，纯阳拳开始为世人所知，

1986 年汪兆辉在全国武术大赛上演练纯阳拳获得“金狮奖”，纯阳拳开始展示在大众面前。目前武当纯阳拳已传播至全国多个省份和美国、澳大利亚、新加坡等国，拥有了众多的习学者。

湖北省省级非物质文化遗产

杨氏洪门拳

扫一扫
观看杨氏洪门拳视频

洪门拳，其源流系明末遗老们以明太祖朱元璋的年号洪武的“洪”字立门，创立的武术流派。杨氏，指民间拳师杨香庭，洪门拳的传承人。洪门拳术风格有南北两派之分，杨氏洪门拳属于南派。

杨氏洪门拳是民间拳师杨香庭对前人的武术传统套路进行创编而形成的。其主要特点是形、意、气、力、声的高度统一，以力制胜，硬打直取，刚劲威猛，蓄气发声，以气催力。现在的主要传承代表人有方启雄、俞良尧等人。

杨氏洪门拳在武汉市及周边地区影响很大，特别是在蔡甸区大集街 (大集场) 杨氏传授武术之源地，先后有 600 余名杨氏洪门拳习练者，佼佼者成为历代传承人，在国内举办的历届传统武术比赛 (表演) 中均获得奖项。特别 2008 年杨氏洪门拳第二代传人方启雄,在第八届香港国际武术节上展示的杨氏洪门拳六合图，以神、气、力合一，刚柔相济，技压群芳，一举获得两项冠军。2013 年入选湖北省第四批省级非物质文化遗产名录。

方启雄口述

方启雄，杨氏洪门拳省级代表性传承人。小时候因体弱多病，被父亲送去学习武术。冬练三九，夏练三伏，经过长年累月的艰苦训练，他的身体变得强壮起来，疾病也渐渐好转。几十年来，他修习过多种武术套路与器械，主攻杨氏洪门拳，并成为该拳种的主要传承人。

我小时候家境比较贫困，9岁时被查出患有肺结核，整天病恹恹的。当时医疗水平比较低，我父亲为了让我恢复健康，就把我送到我们蔡甸武术大师杨香庭名下，学习杨氏洪门拳。当时他收别人的学费是五块钱，但是我们家里连五块钱都拿不出来，就是每个月送给师父五个鸡蛋。这样，从我9岁开始就与武术大集的杨氏洪门拳结下了不解之缘。

我们练功的时候，师父对我们要求是比较严格的，从拉腿、踢腿到最后的坐马步、坐桩，一直练了3个多月。开始在基本功的习练当中，是非常枯燥乏味的，每天早上五点钟起来，鸡鸣起舞，坚持了40年。其实我到了13岁初中毕业的时候，就感到自己非常强壮了。

杨氏洪门拳是我师傅杨香庭对前人的武术传统套路进行创编而形成的，劲刚势猛，有“洪门一头牛，打死不回头”之说。洪是宏大的意思，发五音，五音通五脏六腑，以声催力。声有噫、嚯、哈、嘿、嗐，讲求吞吐浮沉，吞如鹤，吐似蛇奔，浮如鸿雁，沉入铁石。“八道手”是我们杨氏洪门拳的代表，打拳时讲究手眼身法步：手，就是鹰爪；掌，是四指伸直，大拇指扣住；步，是弓箭步、竖步、马步；神，指眼神。脚到，手到，神也要到，拳和手打出去要凝聚力量，腿弹出去要迅速收回。练习杨氏洪门拳，第一在于可以一招制敌，第二在于擒拿格斗，适合防身，在当今社会主要是以健身为目的。

2010年3月，在第八届“獬豸杯”香港国际武术节上，我展示的杨氏洪门拳六合图，以神、气、力合一，刚柔相济，一举获得两项冠军，填补了蔡甸区在外竞技武术比赛获国际大赛奖的空白。

我们除了习练各种套路和基本功之外，也必须要进行内功的习练。我们的蔡明勇老师一直坚持这么练，去年上半年受邀去马来西亚，专门进行内气功展示表演，观众赞不绝口。不仅是健身健体，发扬光大了我们非遗传统文化，也发扬了我们中华民族武术的精华。

我现在有200多个徒弟，年纪最大的近70岁，年纪最小的只有七八岁，为了让杨氏洪门拳能够更好地传承，2012年，我们整理出版了《杨氏洪门拳》武术套路丛书。

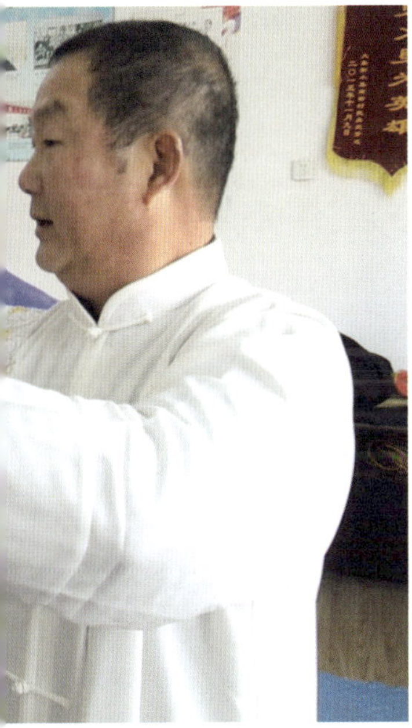

我追求的梦就是武术，其他的事对我来说都不重要。在追梦的这个过程当中，我将竭尽全力，即使困难再大，也要坚持下去。我今后的目标就是办好自己的各个设立点，办好自己传承的武馆，办好我们的非遗传承基地，让洪门拳进学校，进机关，进工厂，进社区，进警营，用一种奉献精神、感恩精神把它做好，让我们的杨氏洪门拳千秋万代。

专家点评

洪门拳是地方传统拳种中最为流行、传播最为广泛的一种拳术。《源流》相传于宋太祖“赵匡胤三十二手定天下”，故拳多以“手”字命名，如总手、封手、金刚手、青龙手等。在其发展过程中，又受武当派的影响，所以还有宫手、老君手等套路。此拳种经过历代拳师的研练、运用、总结，由民间拳师杨香庭对前人的武术传统套路进行创编，发展成现在的杨氏洪门拳。

杨氏洪门拳在武汉市及周边地区影响很大，特别是在蔡甸区大集街（大集场），先后有600余名杨氏洪门拳习练者。2008年杨氏洪门拳第二代传人方启雄，在第八届“獅豸杯”香港国际武术节上展示的杨氏洪门拳一举获得两项冠军，填补了蔡甸区在外竞技武术比赛获国际大赛奖的空白。

2012年，历时八年、十易书稿并多次增删的《杨氏洪门拳》武术套路丛书在全国公开出版发行，收录有20种传统拳术和武术器械套路的源流及技法，对杨氏洪门拳进行了系统的挖掘整理。

杨氏洪门拳的主要价值是弘扬了中国武术，而且代代相传，能够推陈出新，影响很大，流传甚广，群众十分喜爱。

武汉市市级非物质文化遗产

袁氏飞叉

扫一扫
观看袁氏飞叉
视频

飞叉，起源于南朝梁武帝时期，已有近1500年历史，为少林一代禅宗初祖达摩所创，是十八种兵器中最难练的兵器。这一技艺练的是手、眼、身、法、步，能使人活动四肢，强筋壮骨、强心健肺，还可以娱乐身心、解压消疲，同时还有很强的观赏性。

这种融合了武术、杂技、戏曲，以民间游艺为主要舞台的飞叉表演，自宋代开始成形。在宋代，民间有大量被称为百戏“社火”“开路”的各种民俗演出活动，飞叉这样一个极具传说色彩、民俗色彩和地域文化特色的技艺便有了十分合适的生存与发展的舞台。

历经千年的演变与发展，飞叉表演大致可以分为两大类：一类是适用于现代舞台表演的、近似于舞蹈表演的技艺，表演所用飞叉重量轻（一般不超过5斤），动作难度小。另一类飞叉技艺则基本上保持了创立初期的原汁原味，并略有创新，这一类表演

要求飞叉重量重（可达38斤），常以钢质飞叉为道具，套路动作仍属于武术范畴，因此要求练习者须有一定的武术基础。武汉市汉阳区的袁氏飞叉技艺为后一类更具传统特色的技艺。

袁氏飞叉技艺的套路主要有20个基本动作，72~100余种动作变化。袁氏飞叉所用的飞叉有五种不同的重量，从轻到重依次为6斤、12斤、20斤、28斤和38斤，是一项集武术、杂技和花会民俗表演于一体的中华民族传统技艺。

袁明新口述

袁明新，1951年出生，袁氏飞叉市级代表性传承人。他从小爱好武术，11岁师从林振飞学习飞叉技艺，后因工作和身体原因暂收起这一技艺爱好，直到他53岁退休两年后才重新拿起飞叉，并取得了飞速的进步，先后习得12个套路动作，新创6个套路动作。

我从小就对武术感兴趣。11岁那年，我看见街坊在练习飞叉，从此便对飞叉产生了浓厚的兴趣。我的街坊林振飞老师当时是武汉杂技团的教官，我就拜他学艺。林师父当时已经有58岁了，不能亲自表演，只能教我飞叉的基本套路动作和简单示范，我就不断练习钻研，三年后，就熟练掌握了飞叉盖顶、过头、背剑、缠腰、撇高、单抄、双抄、单抱月、双抱月、前踢、后踢、过脚这12个基本动作。这其中最难的是单抱月和双抱月，因为会往下坠，越垂直越容易坠。

1975年，我在车间工作时头部不慎被重物撞伤，一度放下了飞叉练习。2004年，我才决定继续把飞叉练起来。我开始是玩5斤的飞叉，后来觉得不过瘾，就加到10斤、12斤，后来加到20斤，到2004、2005年，我50多岁的时候，

28 斤的飞叉也可以玩了。

随着飞叉重量的逐步升级，我又尝试新的套路。我创新了八个动作，第一个是缠颈子，第二个是穿腋下，第三个是前背，第四个是穿裆，第五个是脚单抄，第六个是脚双抄，第七个是滚山坡，第八个是拱叉。这些动作，名字虽然只有这么多，但是可以百变，变换出很多动作。

飞叉属于武术项目，练的就是筋骨皮。内练一口气，外练筋骨皮，它对骨关节的灵活、骨质度、骨密度、抗摔打能力都有相当大的好处。

其实一开始，并没有多少人知道这个飞叉，直到 2011 年，一位朋友把我的绝技介绍给湖北省绝技绝活组委会，组委会将我的演练过程制作成视频传到网上，这才让飞叉技艺“得见天日”。后来就陆续有人来向我学习飞叉技艺。因为飞叉动作套路多、技巧难度大，如果没有毅力和恒心很难上手，也很难坚持。

目前飞叉成为非遗项目了，作为传承人，我就在琢磨如何能让这门技艺传承和延续下去。除了收徒弟，我希望能够将全国各地飞叉艺人的动作汇集、整理成书，并配上动作视频，留给后人研习。如果能够开办一个飞叉艺术团，就可以集中展示、汇集、交流飞叉技艺，让更多人了解它、喜欢它、传承它。

专家点评

袁氏飞叉的传承人是袁明新。他从小爱好武术，从 11 岁开始师从林振飞学习飞叉技艺。袁氏飞叉所用的飞叉有五种不同的重量，从轻到重依次为 6 斤、12 斤、20 斤、28 斤和 38 斤，装有响铃的钢质飞叉在身上翻转自如，给人以强烈的视听冲击。重量轻的飞叉适合舞台表演，而使用较重（20 斤以上）的飞叉是袁氏飞叉区别于其他飞叉技艺的重要特征。重飞叉的练习能使人强筋壮骨、增加关节灵活度、增加骨质密度、提高抗摔打能力，还能强心健肺，同时又具有很高的观赏性。袁氏飞叉是一项集武术、杂技和民俗表演于一体的中华民族传统技艺。

了 不 起 的 非 遗

L I A O B U Q I D E F E I Y I

传统舞蹈

武汉采莲船　　　　武汉市市级非物质文化遗产代表性项目

武汉市市级非物质文化遗产

武汉采莲船

武汉采莲船是湖北省武汉市传统的民俗舞蹈。采莲船在传说中为观音娘娘坐船筹款修桥铺路,后人为了纪念观音娘娘的善举,就通过采莲船表演来表示赞颂,随着时间的推移发展成为在重要节日以祝贺为主要内容的表演,特别是在春节期间,撑起采莲船为每家每户拜年、送上祝福。

作为一种传统民俗文化,采莲船的主要形式为唱祝词并夹以锣鼓家业伴奏和行船表演,一般没有乐器伴奏,可和狮子、龙灯等一起表演,气氛更加热烈。表演期间,农户人家会燃放鞭炮表示欢迎,有时还会摆阵考一考表演班子,表演人员要通过演唱破阵解题。破阵解题的演唱往往是人们最喜欢听的段子,是采莲船表演的精华之处,也是采莲船沿袭千年的魅力所在。

目前武汉采莲船在全市各区都有传承,在各种民俗节庆活动中均可见到。2007 年喜闻乐见的“武汉采莲船”表演入选武汉市第一批非物质文化遗产名录。

扫一扫
观看武汉采莲船
视频

朱汉生口述

朱汉生，男，1942年出生。"武汉采莲船"市级代表性传承人。自幼学艺，思维敏捷，口齿伶俐，唱功深厚，不仅能扎船，也能"划船"、表演，多次在武汉市舞龙比赛中获民俗表演金奖，是武汉市江夏区金口一带小有名气的"船老大"。

"采莲船，两头翘，吹吹打打真热闹。采莲船，两头尖，多谢老板的茶和烟。"采莲船是源于劳动的舞蹈形式，一方面带来欢乐和喜庆，一方面还承载了美好的神话故事。传说观音娘娘化身采莲女，坐着采莲船为修桥铺路筹备资金，后人为了纪念观音娘娘的善举，就通过采莲船表演来表示赞颂。

采莲船一般采用竹木制做成骨架，扎成船型，船身则用彩色的绸布包裹起来，并配有流苏花边进行装饰，楼阁式船篷扎在船上，船头托起两盘莲花，船顶上盖有绸布并缀以大红绣球。我们这个采莲船的长度基本上是2.08米，我们有个风俗习惯，遇事要有八，要八就不离发，所以是2.08米，裆的宽度是44厘米，事事如意或者四世同堂、四喜发财，这个宽度一般只能一个小

姑娘坐在里面采莲，再装上荷花、荷叶、莲蓬。我们船是双层像宝塔似的，显得宏伟高大又好看，引人注目。

原来划采莲船的都是男性，现在男女都可以，音调就是一般的民间小曲，接地气，对于我们农村人来说的话易懂，听着蛮适合我们的口味，又简单。我们的船会根据各家的情况随机应变，你们家是结婚，我就唱贺喜，你家是做寿我就祝寿，所以深受人们喜爱。

我是篾匠出身，1957 年从学徒进篾器社参加工作的。后来在无意中结识了一位老人，他总是来我们这里把竹子的篾捡回去。结识了之后他邀请我到他家去玩，他家里坐了一屋子人，拉胡琴的，唱戏的，他在敲签子，我听他们唱戏唱得很有味道，他们唱我就在边上哼。后来老人开始教我唱戏。我是后来才知道他是金口大名鼎鼎的汉剧大师胡宝山。

有一天我接到村里扎莲船的任务，虽然我是篾匠，但扎采莲船不是我的专业，我就去找村里的老人问，到处搜集

资料。我在找资料的时候，发现采莲船这个东西是一种民俗文化。我觉得应该把这种民俗文化发扬下去，坚持把这个东西做下来。为了让采莲船这种民间文化被更多人熟知，我们编排了许多短小的文艺节目，利用业余时间到各联社演出，受到一致好评。“采莲船”还在江夏区百花奖比赛中荣获一等奖。2007年，“武汉采莲船”被纳入武汉市非物质文化遗产名录。2015年，我们正式成立了“武汉非遗民俗表演艺术团”。

我文化水平蛮低，但是我蛮欣赏我们

国家的传统文化，所以我要坚持做，就是别人不做，我也要做。如果有演出任务来了，我会日日夜夜扑在上面，开动脑筋想着怎么弄，我宁可不休息都要把这个事情做完。我们团里的成员都是这样，每次要做船了，我家院子里面都是满的，大家都来帮忙。为了把这项非遗发扬光大，让更多的人把这个传承下去，我和我们团里的成员肯定都不会放弃，只要我们能够做，就在有生之年发点热、发点光，为这个非遗项目贡献我们微薄的力量。

专家点评

千百年来，楚人依湖而生，滨湖而居，入湖而作，融入生活的荷花，自然成为楚人文艺创作审美的首选对象。荆楚大地有非常灿烂夺目的荷文化，荷文化渗透到人们的各个生活领域，影响着生活器物、离宫园林的装饰，影响到荆楚大地人民的饮食、诗词和乐舞文化。其中，就有采莲民歌。这原本是采莲女在湖沼从事劳作过程中唱起的恋歌或思乡之曲，以它的朴实优美深受人们的喜爱，后又发展为每年春节、元宵节在街头巷尾、村户稻场常见的采莲歌舞——采莲船表演，并传承至今。因此，采莲船表演是楚地荷文化的表现之一。

武汉江夏区的采莲船表演独具特色，深受人们喜爱。武汉是荆楚大地上的一颗璀璨明珠，根据武汉最新的水资源普查报告，武汉中心城区和远城区共有大小湖泊 166 个，其中包括全国最大的城中湖——东湖，而江夏区有大小湖泊 136 处。因此，在武汉，江夏区的采莲船表演最为盛行。

随着时间的推移，采莲船表演已经从原来的赞颂观音娘娘演变成了划船唱歌，给乡亲拜年送祝福的活动，以其简单方便的表演方式、热闹喜庆的气氛、吉祥如意的唱词深受武汉人民的喜爱，不仅是百姓祈福消灾愿望的承载，更是百姓娱乐放松的渠道和沟通交流的平台，其特殊的文化功能展现了传承、保护和研究该民间艺术形式的价值和意义所在。

采莲船在武汉人民中具有广泛的群众基础，采莲船表演内容丰富，既是表演艺术、音乐艺术，也是文学创作的宝地，其完整的表演程序和广泛的唱词内容中蕴含着特殊的文化内涵。它在满足人们祈福消灾愿望需求的同时，也给予了武汉人娱乐放松和沟通交流的机会。因此，传承和保护采莲船表演对提高百姓文化生活水平意义重大。

了 不 起 的 非 遗

L I A O B U Q I D E F E I Y I

民俗

八十八行

武汉市市级非物质文化遗产代表性项目

武汉市市级非物质文化遗产

八十八行

扫一扫
观看八十八行视频

八十八行是流行于鄂东一带的一种自娱性的广场艺术，因在灯节期间演唱，故又称为灯戏或灯调。八十八行大约起源于清代乾隆、嘉庆年间，盛行于太平天国时期，至今已有200余年的历史。八十八行行业众多，有表现农、林、牧、副、渔的，有反映手工业劳动的，有表演经商活动的，有宣扬神话故事的，因行业复杂纷纭，故名八十八行。八十八行剧目丰富，思想内容健康，曲调旋律优美，节奏明快；表演朴实自然，风趣幽默，具有浓郁的乡土气息和地方特色。

清朝末年，政治腐败黑暗，民生凋敝，人民颠沛流离，无心自唱自乐。加上八十八行组织工作浩繁，队伍庞大，人力财力难以应付，特别是半职业和职业的灯戏和花鼓戏班的兴起，几乎取代了八十八行，致使八十八行一度中落。鄂东除新洲外，其他各县基本绝迹。

新洲八十八行，大多分布在举水河以西的仓埠、孔埠、汪集、张店等镇。举东虽有，但不多见，仅顾岗巴山村尚存。八年前，道观河地区 群泥瓦匠、油漆匠、裁缝、屠夫等成立了鄂东民俗艺术团，在团长张洪文的带领下生动再现了“八十八行”的表演形式。

张洪文口述

张洪文，男，1948年出生。“八十八行”市级代表性传承人。在“八十八行”中任主角，反串茶娘，其表演诙谐、泼辣、幽默，令人捧腹，被媒体誉为“乡村梅兰芳”。几十年来，他深入基层向民间艺人学艺，向民间民俗音乐爱好者搜集、整理曲目达50多首，并在新洲道观河成立了“鄂东民俗艺术团”和“乡巴佬艺术团”。

过去的八十八行表演就是唱戏，把农村过去的生活，像踩水、织布、纺线、弹棉花、舂米、磨磨等各行各业的场景表演出来，是一种说唱与戏曲相结合的民间艺术。这项民间艺术在表演中因行业众多、复杂纷纭，所以称为八十八行。

我小时候因家庭贫困，没能上学读书，但是对文艺方面很爱好，只要看到有人唱歌或跳舞，就总爱去模仿。我学东西快，民歌听一遍就会唱，舞蹈学一遍就有模有样，后来成了当地文艺宣传大队的一员。17岁时我当上大队里的赤脚兽医，但是工作表演两不误，背上出诊箱就是兽医，脱下白大褂就是演员，两种角色转换自如。我那时当兽医，拖着箱子到人家里去，帮着老人洗衣裳、插秧，然后让他们教我唱歌，慢慢唱，慢慢写，慢慢编，一句找一点，再拼接在一起，我就爱这

个东西。最先开始他们都不教给我，说这些歌都太土了，我就唱给他们听，然后把在别的老人那学的再唱给另外一位老人听，他们觉得好听，慢慢地就愿意教我了。

我当时在文艺宣传队演过各式各样的角色，都有各样的特点，媒婆就要给人牵线保媒，县官就要办案公道，做事公道。因为爱好表演，也不怕丑，有时也表演反串，《三世仇》里的三奶奶是个寡妇，就是我主动出来演的，穿旗袍，戴花，有点傲慢有点怪，说一套做一套的那个样子。当时很多人说我男不男、女不女的，我说舞台是英雄，舞台上的人是尊贵的、高尚的人。为了演好，我爱好这个东西，什么都不听，不管说什么，我都决心往文艺上发展，向前走。

八十八行这项民间艺术有200余年历史，因为各种原因，清末时期逐渐衰败。20世纪80年代初，新洲有人短暂排演过，之后再无人演。我们现在想让八十八行重新回归，因为现在的年轻人对过去的农村生活不了解，都不知道过去怎么样吃饭、怎么样穿衣，所以我们就要把八十八行这些重新搬到舞台上去。我们表演用的道具全部是过去农村工作生活中使用过的，比如说过去舂米用的杵臼；劳动时带孩子，小孩睡觉用的这个叫摇睌；还有过去没有胶鞋，没有球鞋，就穿木屐和草鞋；下雨的话，没有雨衣，这就是棕衣。

1994 年，我和 20 多名爱好民间文艺的村民，组建起“乡巴佬艺术团”，在农闲工余时走村串寨，为乡亲们免费演出，获得一致好评。2008 年改名为“鄂东民俗艺术团”。我们的表演生动再现了八十八行，弘扬了传统文化。

我们团队里的队员，有的在厂里上班，有的给人做饭，有的是在家里养孙儿，但是一有活动，在网上一发布，都会过来。这么多年来，感谢这些老队员，一直爱好文艺，都是为我们的工作，都是为我们的团。我现在 70 岁了，我越做越不想丢，越做越有劲，越做越想往下传，越做越兴旺。我们要把八十八行一直传承下去，使之后的一代代都知道，过去的生活是怎么样走过来的。

专家点评

八十八行，是流行于新洲及鄂东一带的一种自娱性的广场艺术，因在灯节期间演唱，故又称为灯戏或灯调。八十八行大约滥觞于清代乾隆、嘉庆年间，盛行于太平天国时期，到今已有200余年的历史。

这项民间艺术在表演中因行业众多，有表现农林牧副渔的，有反映手工业劳动的，有表演经商活动的，有宣扬神话故事的，复杂纷纭，故名八十八行，其曲调旋律优美，节奏明快；表演朴实自然，风趣幽默。无论是语言、音乐，还是表演，均具有浓郁的乡土气息和地方特色。新洲八十八行现入选武汉市第一批非物质文化遗产名录。

新洲八十八行，大多分布在举水河以西的阳仓埠、孔埠、汪集、张店等镇。其剧目分两大类，一类是单边戏，即独角戏；一类是小戏，即折子戏。单边戏有200余个，常见的有《卖花》《采茶调》《推车调》等。小戏有150余出，如《补碗》《卖棉纱》等。这项有着200余年历史的民间艺术，因各种原因，清末时期逐渐衰败。20世纪80年代初，新洲有人短暂排演过，之后再无人演。如今八十八行重新回归，再登舞台。

新洲八十八行的存在，为我们保留了一个民间演唱的艺术品种，更重要的是，它为我们研究和探讨八十八行与楚剧的关系及楚剧的源流沿革，留下了一份宝贵的遗产和可靠的佐证。新洲县文化馆挖掘、整理近百个脚本，并撰写了《八十八行初探》《八十八行与楚剧》等论文，为探索八十八的艺术规律、为楚剧回归民间，做了大量的工作。

后记

致非遗，敬匠心。

从 2016 年开始，武汉市档案馆、武汉广播电视台和市文化部门强强联合，整合各方资源，发挥各自优势，以“非遗 + 档案 + 融媒体”的崭新方式，推出全国首档面向非遗传承人开展抢救性记录和非遗文化展示传播的电视专栏节目《江城非遗坊》。初期针对 70 岁以上高龄的传承人优先抢救记录，逐步向中青年传承人覆盖，记录那些濒临失传的老记忆、老手艺，弘扬工匠精神。通过“见人见物见生活”的影像传达，使大批国家级、省市区级非遗项目和传承人走进大众视野。节目以专业性和高品质受到观众、传承人的好评，已经成为武汉市宣传非遗、展示非遗、保护非遗的示范平台。至今已摄制完成非遗项目近百个，累计摄制高清视频素材 1000 多小时。呈现在您面前的这部《了不起的非遗》（第 1 辑），就是近三年工作的阶段性总结。

非物质文化遗产是一种无形的、不可重复的历史遗存和文化记忆，见证了城市文明的演进轨迹，彰显了一方水土的气质神韵。非遗传承人是非物质文化遗产重要的承载者和传递者，是非遗活态传承的主体与关键。非遗的魅力单靠文字描述和视频记录不足以展现其完美，或许我们的努力，还只能使您管中窥豹。只有当大家亲身去感受、去触摸，才能慢慢体会其背后的经验和智慧。从传承人身上，我们看到了“择一业，终一生”的匠心与执着，看到了“一辈子只干一件事的专注”，看到了在毫厘之间追求造物极致的专业、严谨，看到了匠人们对作品精雕细琢、精益求精的态度和对背后承载的文化与精神的敬畏、坚守与传承。正是这些匠心匠魂，让我们重拾了遗失的美好，感受到楚风汉韵的厚重底色。把镜头对准这些在专业领域精耕细作的代表人物，真实记录下这座繁华都市中默默坚守的工匠们，是我们表达敬意的唯一方式。希望通过我们的记录和系列丛书的出版，为我们所热爱的城市，留下属于她的文化基因。参与这项记录工作，参与这项“人对人”“心换心”的工作，是我们莫大的幸运。

目前，武汉市有国家级、省市区级非遗项目580多项，很多杰出传承人年事已高，也有不少陆续离世，这是我们永远的遗憾。与时间赛跑，我们的工作艰巨繁重。抢救记忆、保存记忆，是历史和时代交给我们的光荣使命。生命有限，记忆永存。让我们携起手来，共同行动起来，为我们的时代，为我们的后代，为我们的城市，构建一个共同记忆的栖息之所、中华文明的永续传承之地！

最后，感谢各级领导对本书编撰工作的悉心指导和关怀，向全市各区文化部门、非遗保护中心及相关志书、档案编撰工作的前辈、同仁们致以深深的敬意。你们的接续工作和点滴积累，为这项记录工程提供了大量珍贵翔实、不可复制的一手资料。诚挚感谢各位传承人，是他们为我们这座城市留下精湛技艺和绚丽独特的人生故事、华彩乐章，从而使江城武汉更有厚度、温度。同时感谢每一位关心、热爱、传播非遗的读者和为此默默工作的同志们。由于编者水平有限，编撰中难免出现瑕疵、不当之处，还请谅解。我们将在今后工作中不断完善和改进。